社会学ドリル
この理不尽な世界の片隅で

中村英代

新曜社

Student ID Number
_____

Name
_____

装幀・レイアウト　大橋一毅（DK）
イラスト　KANTAN inc.
図版制作　谷崎文子

もくじ

i **はじめに　この理不尽な世界の片隅で，解放の瞬間を待つ**
　1. 本書の目的／2. なぜドリルなのか／3. 嵐のなかをキリッと進む
　4. ブックガイド／5. 解答

001 **第1章　社会学を学ぶ意義**
002 **1. 講義の目標**
　1.1 講義の2つの目的／1.2 講義の目標は何か
002 **2. 社会学はどのような学問か**
　2.1 社会学(sociology)の対象／2.2 社会の2つの原理
004 **3．いま，社会学を学ぶ意義**
　3.1 年長世代との違い／3.2 現代を生きる私たち
005 　**本章のまとめ　ブックガイド**

009 **第2章　格差と貧困**
010 **1. なぜ格差は問題か**
　1.1 格差と階層移動／1.2 格差社会とは何か
　1.3 結果の不平等と機会の不平等
013 **2. 格差は拡大しているか**
　2.1 経済格差はどう拡大しているか／2.2 雇用環境の変化
　2.3 現代の非正規雇用の特徴／2.4 現代の非正規雇用の背景と実態
015 **3. 資本主義社会を理解する**
　3.1 「実体」と「形態」／3.2 資本主義社会とは何か
　3.3 運動体としての資本／3.4 資本と国家の関係
021 **4. 現代社会の貧困**
　4.1 現代の貧困の特徴／4.2 女性の貧困化／4.3 貧困への対応
025 　**本章のまとめ　ブックガイド**

029 **第3章　恋愛と結婚**
030 **1. 恋愛と結婚の関係**
　1.1 恋愛と結婚の違い／1.2 恋愛と結婚の対立／1.3 見合い結婚と恋愛結婚
034 **2. 日本の家族の歴史**
　2.1 「家」をめぐる制度の変遷／2.2 近代家族モデルの普及と浸透

037	**3. 結婚と家族の現在**
	3.1 データに見る現代の結婚と家族／ 3.2 家族形成をめぐる自由と疎外
042	**本章のまとめ　ブックガイド**

045　第4章　ジェンダー

046	**1. ジェンダーを理解する**
	1.1 ジェンダーとは何か／ 1.2 学習される「男らしさ／女らしさ」
	1.3 セクシュアリティを理解する
051	**2. 女性学と男性学**
	2.1 女性学とは何か／ 2.2 男性学とは何か／ 2.3 女性学／男性学を超えて
054	**3. グローバル化する性別役割分業**
	3.1 先進国と途上国の関係／ 3.2 途上国の女性たちの出稼ぎ労働
056	**本章のまとめ　ブックガイド**

059　第5章　関係性と暴力

060	**1. DVを理解する**
	1.1 親密な関係性と暴力／ 1.2 DVとは何か／ 1.3 DVの構造
063	**2. ハラスメントを理解する**
	2.1 ハラスメントとは何か／ 2.2 ハラスメントの構造
065	**3. なぜ暴力に頼るのか**
	3.1 DVの背景／ 3.2 加害者の考え方
066	**4. 暴力に対処する**
	4.1 加害者臨床／ 4.2 暴力への対処／ 4.3 暴力から逃げるための支援
	4.4　非暴力の関係性
070	**本章のまとめ　ブックガイド**

073　第6章　摂食障害とからだ

074	**1. 摂食障害を理解する**
	1.1 摂食障害とは何か／ 1.2 どのようにして摂食障害になるのか
077	**2. 摂食障害はどのような状態か**
	2.1 過食は「病理」ではない／ 2.2 過食・拒食とからだ
078	**3. ダイエットと摂食障害**
	3.1 ダイエットを続けると何が起こるのか／ 3.2 ダイエットが生む摂食障害
081	**4. 摂食障害をとりまく社会環境**
	4.1 痩せることを強いる社会環境／ 4.2 心理学的知識が生む心の病い
	4.3 拒食・過食・嘔吐の解決法／ 4.4 業績主義社会を生きる自己
085	**5. 摂食障害からの回復**
	5.1 回復経験への着目／ 5.2 多様な回復のしかた

    5.3 自己否定から自己受容へ
088 **本章のまとめ　ブックガイド**

091 **第 7 章　依存症の世界**
092 **1. 依存症を理解する**
    1.1 依存症の種類と対象／1.2 生き延びるための依存
094 **2. 依存症へのサポート**
    2.1 さまざまな対策／2.2 セルフヘルプ・グループの支え合い
    2.3 ＡＡと 12 ステップ・プログラム／2.4 欲望をもたない共同体
102 **3. 依存症と社会システム**
    3.1 ベイトソンの分裂生成理論／3.2「いま」を生きるバリの社会
105 **本章のまとめ　ブックガイド**

109 **第 8 章　権力**
110 **1. 社会学における権力論**
    1.1 ヴェーバー の権力論／1.2 フーコーの権力論
115 **2. 私たちをとりまく権力**
    2.1 伝統的権力と近代的権力／2.2 見えない権力
116 **3．権力作用としての差別**
    3.1 関係性のなかの権力
117 **本章のまとめ　ブックガイド**

119 **第 9 章　儀礼と自己**
120 **1. 儀礼とは何か**
    1.1 伝統社会の儀礼／1.2 儀礼的行為
121 **2. さまざまな儀礼**
    2.1 ヘネップの 3 つの儀礼類型／2.2 デュルケムの宗教生活の儀礼類型
122 **3. 現代の儀礼**
    3.1　現代社会における「聖なるもの」／3.2　儀礼としての相互行為
124 **4. 自己をめぐる社会学**
    4.1 相互作用が形成する自己／4.2 自己の存在証明
126 **本章のまとめ　ブックガイド**

127 **第 10 章　自殺**
128 **1. データで読む現代日本の自殺**
    1.1 自殺に対する私たちのイメージ／1.2 自殺の統計
129 **2. 社会学における自殺論**
    2.1 社会学の 2 つの方法論／2.2 デュルケムの自殺論

2.3 デュルケムが着目した統計データ／2.4 デュルケムによる自殺の3類型
2.5 自殺論から見た社会と個人の性格
135　**3. 現代の自殺理論**
3.1 自殺の対人関係理論／3.2 自殺希少地域の人間関係
136　**本章のまとめ　ブックガイド**

139　**第11章　医療**
140　**1. 近代医療を理解する**
1.1 近代医療とは何か／1.2 近代医療の5つの仮説
141　**2. 民族医療と代替医療**
2.1 民族医療とは何か／2.2 代替医療とは何か
144　**3. 経験される病い，診断される疾病**
3.1 ヤングの病い・疾病・病気の3分類
144　**4. 医療化する社会**
4.1 医療化とは何か／4.2 医療社会学の3つの課題／4.3 治療者の教育
147　**本章のまとめ　ブックガイド**

151　**第12章　構築主義と心理療法**
152　**1. 構築主義を理解する**
1.1 知識が生み出す現実／1.2 社会構築（構成）主義の考え方
156　**2. 問題を解消する**
2.1 問題志向とは何か／2.2 解決志向とは何か／2.3 解消志向とは何か
158　**3. ナラティヴ・アプローチの考え方**
3.1 ナラティヴ・アプローチとは何か／3.2 ナラティヴ・セラピーとは何か
3.3 専門家のあり方を問いなおす
162　**本章のまとめ　ブックガイド**

165　**第13章　レポートの書き方**
166　**1. レポートを書く準備**
1.1 レポートを書く意義／1.2 理想のレポートをめざす
167　**2. 基本型に沿って書く**
2.1 レポートの3つの要素／2.2 レポートの基本型
168　**3. 禁止事項と評価基準**
3.1 禁止事項を知る　／3.2 評価基準を調べる
3.3 レポートで何を達成したいのか
171　**4. 自分のレポートの傾向を知る**
4.1 レポートの傾向性とは何か／4.2 優等生派とヴォイス派
4.3 抽象派と具体派／4.4 理想のレポートとは何か

175　本章のまとめ　ブックガイド

179　まとめ　社会学を学び, 人はどうすれば幸せになれるかを考える
181　おわりに
185　引用文献

ナカムラ・コラム
007　1　マクドナルド的人生, サブウェイ的人生
028　2　世界のわからなさ
044　3　皆婚時代の不快, 婚活時代の不安
057　4　香港で出会った女性たち
072　5　親の愚痴は聞かなくてもいい
090　6　自分に厳しい私たちのために
107　7　12ステップのメッセージ〜自己を超えた存在への想像力〜
138　10　希望がなくてもいいじゃないか
148　11　私たちは本当に「働きたくない」のか?〜フロー体験は仕事のなかに〜
163　12　体と心が欲するところへ行きなさい・・・
177　13　「こういうレポートってあるよね」を超えて〜大学でレポートを書く意義〜

はじめに
この理不尽な世界の片隅で，解放の瞬間を待つ

1．本書の目的

　本書は初学者向けの社会学のテキストです。本書，および本書をテキストに用いて行う講義の目的は，「①私たちの身近にあるさまざまな社会現象を学びつつ，②社会学的な思考力を身につけていく」ことです。

　①は知識と情報を収集する学びです。どこで何が起こり，その背景には何があり，どのような対処がなされ，誰が何を行い，著してきたのか。こうした個別の情報は基礎的な知識となって蓄積され，何かを考えたり判断をしたりする際の基盤となります。

　しかし本書を用いて行う講義の主眼は，社会学的な思考力を身につけることにあります。①を経由しつつ，②をマスターすることに重点をおいています。

　社会も私たちも絶えず変化しており，社会と私たちの関わり方も移ろっていきます。すると，手持ちの知識や情報だけでは対処しきれない現象に直面することも多々あります――むしろそんなことばかりです。つまり私たちは，新しい出来事に直面した時に，それをどう考え，どう対処するのかを生涯を通じて問われ続けるのです。だから，知識や情報をただおぼえるのではなく，それらを疑問に思ったり，新たな視点から組み立て直すことができる思考力を，頭のなかに丸ごとセットしておこう，というわけです。

　それぞれの専門分野にはそれぞれの考え方や世界の見方がありますが，社会学にも得意とする考え方があり，社会学を学ぶことで初めて可能になる世界の見え方があります。では，社会学的に物事をとらえるとはどのようなことを指すのでしょうか。これについてはさまざまなトピックを取り上げながら，徐々にマスターしていきます。

　私の講義では，必ずテストに論述問題を含めますが，これまで何千通も答案を読んできたので，答案を読めば受講生が社会学の考え方をどの程度理解できているかがわかります。そして私の講義では，半期あるいは通年の講義で，多くの受講生がおおむね社会学的思考力を頭のなかに定着させていきます（もちろん個人差はありますが）。

　こうして頭のなかにセットされた社会学的思考力は，みなさんにとって一生ものの学びになると私は確信しています。

2．なぜドリルなのか

　大学で初めて90分の講義をしたその日から，私は受講生に穴埋め式のプリントを配布してきました。私が説明を加えながら板書をし，受講生はプリントの空欄を埋めていく，そんなスタイルです。大学の教室とは，そこに来なくては単位が取れないという強制力で学生を集める空間です。そんな教室で，私がずっと話し続けたり，ただ資料を読み上げるだ

けでは，受講生が退屈するのは明らかです（ものすごく面白い話ができる先生は別で，もちろんそういう方もいらっしゃいますが）。

そこで，話を聞き，文章を読み，黒板を見てペンを走らせる，という複数の作業を組み合わせることで，講義がなるべく単調にならないように「穴埋め式」のプリントを作成しました。私自身も何の資料もなくフリースタイルで講義はできないので，ある程度組み立てられた資料を必要としていました。

本書は，そうしたプリント群とほぼ同じ形式を踏襲してまとめたものです。穴埋め式がドリルのようなので，私はそのプリント群を「社会学ドリル」と呼んできました。出版に際して，もう少し硬い書名に変えようかとも思いましたが，長年「社会学ドリル」で馴染んできたので，そのままにしました。

そもそもドリルとは，問題を解く練習帳を指します。本書は空欄に答えを記入しながら，社会学的思考力をマスターするという意味では，まさに練習帳です。それで，奇をてらった訳ではなく，しごく真面目に，このテキストを「社会学ドリル」と名づけました。

また，「ドリル」という音は軽やかに響きます。不安や失望，怒りやいらだち，そんな状態にはそぐわない感じがします。「さぁ，今日もドリルを開きましょうか」と呼びかければ，よどんだ空気を一新できそうです。

3．嵐のなかをキリッと進む―シンボルマークの意味

本書の表紙のロゴは，私が作ったシンボルマークです。「嵐のなか（社会問題）を，キリッと進む女の子（ジェンダー）に，リボン（社会学の知）で祝福を！」という意味が込められています。

現在の本務校に着任する際に，社会問題論とジェンダー論を担当することになった経緯もありますが，社会問題や，女性だけでなく男性を含むジェンダーをめぐる「生きづらさとそこからの解放」は，私の講義と研究，そして私自身の人生のテーマです。

ここで紹介したい文章があります。社会学者の馬場靖雄先生の文章ですが，この短い言葉に，私は深くうなずいてしまいます。

「社会学が教えるのは，『いかに生きるべきか』『社会はどうあるべきか』といったテーマに関して，安心して依拠できるようないかなる『おしえ』もなしにやっていかねばならないということである……と言ってもいいかもしれない」

（馬場靖雄，1997『社会学のおしえ』ナカニシヤ出版：v．）

時々，ひどい経験をすると，何もかも無意味に思えてしまうことがあります。そのあまりの苦しさに，世界は今なお不公平で，根拠なき悪意や差別や八つ当たりに満ちているじゃないかと思います。逆に自分が悪い心も持たず何気なくふるまうだけで，他者に思いもかけない傷を与えてしまうこともあります。

社会や他者は，時にやすやすと，そして思いもよらないやり方で，私たちのささやかな生活を侵害してきます。突然の出来事は天災のごとく私たちに降りかかり，そこには節度も論理もありません。
　そんな不公平で理不尽なこの世界を，いかなる「おしえ」もなく私たちは生きていかなければならない。その不安から逃れるために，ある人は社会の評価や権威にすがろうとします。自分は正しいとどこまでも主張する人，思考することをやめ自分の人生を丸ごと他人にゆだねきってしまう人もいます。
　しかし，「安心して依拠できるおしえ」など，本当は，どこにもないのです。
　「おしえ」がない以上，暗闇の中を進むような怖さを感じる時もあります。迷うことばかりです。それでも私たちは，目の前で起こる事象にその都度向き合いながら，一歩一歩進んでいくしかありません。他の人々と協力して，誰もが住みよい社会を作り上げていかなければなりません。むずかしい課題です。

*

　あることに気づかないまま，既存のシステムの枠内で生活することは，場合によっては楽なことです。だから，社会学を学ぶことで，一時的に苦しくなる場合があるかもしれません。社会学に限らず，何かを知ることによって，それを知らなかった頃にはなかった恐怖や悩み，逡巡や疑問，不快や怒りが生じることはよくあることです。
　それでも社会学は，今までの認識からの解放や，解放がもたらす喜びや安堵を私たちに与え続けてくれる学問であると，少なくとも私は思っています。教室に入ってきた時と教室から出ていく時，ある物事の見え方がまったく変わることもあります。その結果，それに対する考え方もそこから生じていた感情も変わり，その現象から自由になれることもあります。
　知識を得ることで一時的に，前より苦しくなる時があっても（「知らない時の方が楽だったのに！」），いつかまた次の解放の瞬間はきっとやってきます（「そういうことだったのか！」）。そうして，行きつ戻りつしつつ，世界の理解は確実に深まっていくことでしょう。
　私はいつもみなさんと同じ場所で，この理不尽な世界の片隅で，みなさんと同じように解放の瞬間を待っています。

4．ブックガイド

　ブックガイドでは，基本的に，初学者向けの比較的読みやすい本を紹介しました。入手のしやすさ，新しさも考慮しましたが，初学者や受講生には近寄りがたくみえる専門書をあげた場合もあります。社会学に限定せずに，その章で取り上げるテーマに関連するさまざまな文献を取り上げているので，各文献の解説も参照しつつ，自己学習や読書のひとつの指針にして下さい。

5．解答―本書をテキストとしてお使いいただく先生方，読者のみなさまへ

　本書は，私の講義をもとにしているので，社会学の一般的な入門書とは少し異なります。そもそも私が受け持つ講義は，「生きづらさをめぐる臨床社会学」，つまり，私たちをとりまくさまざまな「生きづらさ」を取り上げ，そこからの解放を模索する，というテーマを基調としています。したがって，私の専門領域に近い摂食障害や依存症などの章が多くあります。

　特色あるテキストですが，一部の章を飛ばして進めていただくなどご自由にお読み下さい。また，先生方の講義の補助テキストや資料集として役立てていただければ幸いです。もちろん，本書をそのままテキストにお使いいただければ，嬉しい限りです。

　本書で取り上げたトピックに対する大学生の関心はとても高く，この数年間，どの大学でもほぼ例外なく，シラバスを読み多数の学生が履修を希望する傾向が続いています。

　なお，アルファベットをふった空欄部分の解答を本書内に載せるかは，最後まで悩みました。しかし受講生にとっては，どのような講義も一生に一度の機会です。教室で講義を聞きながら，自分の手を動かして空欄を埋めていく能動的な緊張感があることは，講義をする側にも受ける側にも集中力を生みます。各受講生は講義を受けながら空欄を埋め，余白にメモや図を書くことで，空白の多いドリルから，「世界に1冊だけの本」として本書を完成させることができます。

　そのため，読者の方には大変申し訳ないのですが，今回は解答をつけずに出版させていただきました。ただし，ある程度答えを考えられるように前後にヒントを補足してあります。どのような反響をいただくかわからない新しい試みですが，どうぞご理解のうえ，まずは自分で考えて空欄を埋める学びにチャレンジ下さい。

　社会学の講義を受け持つ先生方，私の講義の受講生以外の読者の方々が，やはり解答を知りたい，とご希望の際は，「中村英代オフィシャルウェブサイト」に入手方法を載せていますので，そちらへアクセス下さい（http://www.hideyonakamura.com）。

The Sociology Drill Book

第1章
社会学を学ぶ意義

　進学，就職，結婚，出産など，人生のすべての段階で私たちの選択肢は多様に用意されています。現代社会とは，生き方を自分で決めて選択する「自由の時代」であると同時に，結果を自分で引き受ける「自己責任の時代」といえるでしょう。社会学では，社会の側の問題を個人の責任に帰する過剰な自己責任社会を問題視してきました。

　こうした社会でふるまいを自分で決めるには，自分がおかれている社会環境，すなわち，社会のしくみを知ることがとても大切です。

　社会学を学ぶことを通じて，私たちをとりまく世界を知り，社会のしくみを理解します。そうしてはじめて自分はどのような社会を生きており，そこで何をしたいのか，何ができるのかを考える出発点に立つことができます。

≪ 本章のトピック ≫
1. 講義の目標
2. 社会学はどのような学問か
3. いま，社会学を学ぶ意義

1. 講義の目標

1.1 講義の2つの目的
▶ a. _____ の習得
▶ b. _____ の習得

1.2 講義の目標は何か

社会学を学ぶことを通じて，現代社会を生き抜くために，そしていまある社会を私たちの手で変えていくために，「知識」と「思考力」を身につけることにある。

2. 社会学はどのような学問か

2.1 社会学(sociology)の対象
▶ 近代社会(modern society)とは：

歴史学では，近世・近代・現代という時代区分を用いるが，社会学で用いる近代・現代はそれとは異なり，近代社会とは次の社会を指す。

近代社会とは，王族や貴族が支配する身分制の社会(封建社会)の後に成立した社会であり，17世紀以降に西ヨーロッパを中心に出現し，世界の広範囲に拡大した。一般的には，"自由"と"平等"，法による支配・統治が前提とされる。ただし現実には，自由と平等がどの程度確保されるかは国や時代によってさまざまであり，第2章で見るように，資本主義社会は格差や貧困の問題を生んでいる。

また，社会学では，近代以前を前近代・伝統社会と呼び，近代・現代社会と対照させることもある。そして，21世紀の現代を後期近代，脱近代(ポストモダン)と呼ぶこともある。

社会学(sociology)とは，近代社会の誕生とともに生まれ，近代社会を考察対象とする学問である。

技術的経済的領域	技術	人力・畜力 → 機械力 { 動力革命 / 情報革命 } (産業化)
	経済	第一次産業 → 第二次・第三次産業
		自給自足経済 → 市場的交換経済 (資本主義化)
政治的領域	法	伝統的法 → 近代的法
	政治	封建制 → 近代国民国家
		専制主義 → 民主主義 (市民革命)
社会的領域	社会集団	家父長制家族 → 核家族
		機能的未分化 → 機能集団 (組織)
	地域社会	村落共同体 → 近代都市 (都市化)
	社会階層	家族内教育 → 公教育
		身分階層 → 自由・平等・社会移動
文化的領域	知識	神学的・形而上学的 → 実証的 (科学革命)
	価値	非合理主義 → 合理主義 (宗教改革/啓蒙主義)

表1.1 近代化の諸領域
(出典)富永健一, 1996『近代化の理論』講談社学術文庫: 35.

2.2 社会の2つの原理

▶ **c.　　　　　　　主義：**

伝統社会の原理：「である」=属性的地位を重視。
属性的地位とは，ある人が属する血縁，地縁，年齢，性，人種などを指す。

▶ **d.　　　　　　　主義：**

近代社会の原理：「できる」=能力・業績的地位を重視。
　近代社会はかなり属性主義を残している。たとえば「男」「白人」など，生まれながらの性別・階級・人種が重視されるなど。また，ある種の能力は属性としてとらえることもできる。

....

属性に拘束される伝統社会に比べて，近代社会は自由で平等な社会といえる。どのような属性の人でも能力を発揮すれば自分の社会的地位を変えることができるためだ。しかし，近代社会には特有の生きにくさがある。

....

e.
───

　何かが「できる」自分は「価値がある」と他者から認められるが,「できない」自分は価値を与えられない。能力が重視される社会は,さまざまな生きづらさを生む。

> 【能力主義による生きづらさ】
> 　私はなにかが「できる」から価値がある。ということは,「できない」と価値がない。ただ「ある」だけの私(なにか「である」私でもいい),そこにはなんの価値もないのだ。考えてみれば,そこから価値を剥ぎ取ることが,「できる」こと,「努力」「禁欲」へと人を向かわせる原動力である。しかし,その原動力とは,いくら「努力」し「達成」しても,次の機会に「できない」私,ただ「ある」だけの私になってしまえば,私には価値がなくなるという「不安」と同じものなのだ。この「不安」によって,人は永遠に「加熱」されつづける。「不安」→「努力」→「達成」→「不安」→「努力」→……。永遠の循環運動!
> 　(奥村隆,1997「文化装置論になにができるか」『社会学になにができるか』八千代出版: 310-311.)

　「できること」が重視される近代社会では「格差と貧困」(第2章)や「摂食障害」(第6章)も生じる。他方で,今なお社会に根強く残る,属性をめぐる生きづらさには,「ジェンダー」(第4章),つまり「男」「女」であることの困難などがある。
　2つの原理は,他の章で取り上げるトピックとも深く関わっている。

3. いま,社会学を学ぶ意義

3.1　年長世代との違い

▶ 伝統社会の特徴:

　伝統社会では,人びとは社会・文化が提供する習慣や価値に従って行動する。人びとは昨日の延長が今日,今年の延長が来年という,変化のゆるやかな社会を生きていた。

▶ 現代社会の特徴:

　近代社会では,価値観,ライフスタイルが多様化するとともに,それらが変化するスピードも速い。したがって,年長世代の習慣・価値観をそのまま引き継ぐのはむずかしくなった。
　現代社会では,人びとはさまざまな場面で自己決定を求められ,自らの決定に対する自己責任を負うことを要請される。

3.2 現代を生きる私たち

　自己決定と自己責任は，一見，個人に自由をもたらすかに見える。しかし，社会が生みだす貧困や個人の生きづらさもまた，自己決定の結果として個人の責任に帰されてしまう。

　このような現状を社会学者のベック[1]は，「ポスト伝統の状況では，われわれは，どのように生き，どのように振る舞うのかを自分で決める以外他に選択の余地がない」[2]と述べ，批判的にとらえている。

　こうした社会環境では，私たちは，社会について知り，自分はどう生きていくのかを考える必要が生じる。

【個人によるリスク管理の強要】

　ネオリベラル社会政策が創出しようとしているのは「ライフスタイル」の主体である。それは個人にライフスタイルの〈選択〉の権利を与えると同時に，その〈責任〉を引き受けることを要請する。それゆえそれは「ライフプランニング」(生涯設計)の主体でもある。個人が選択したライフスタイルを成就するために—社会計画によってではなく—個人による慎重な計画を通じたリスク管理が強要されるのだ。

（渋谷望，2003『魂の労働』青土社: 49.）

社会の[f.　　　　]が高まれば，
社会が[g.　　　　]機能は弱くなる。
現代社会はどのように個人を守ることができるか。

本章のまとめ

自分はどういう社会的位置にいるのか。
その理解からすべてが始まる。社会学を学ぶことを通じて，
私たちをとりまく社会のしくみを知ることができる。
そして，この社会のなかで，自分は何をしたいのか，
何ができるのかを考えていくことができる。

---

1 U. Beck, 1944〜2015, ドイツの社会学者・思想家．著書に『危険社会』など．
2 Beck, U., A. Giddens & S. Lash, 1994=1997『再帰的近代化』而立書房: 141.

Book Guide　ブックガイド

📖『社会学をつかむ』
西澤晃彦・渋谷望, 有斐閣, 2008
★社会学全般が学べるとともに, わからない社会学用語を調べる辞書としても使えます。

📖『社会学』
長谷川公一・浜日出夫・藤村正之・町村敬志, 有斐閣, 2007
★社会学全般が学べるとともに, 専門文献を含めて文献リストも豊富な基本書。

📖『社会学感覚』
野村一夫, 文化書房博文社, [1992] 1998
★社会学のさまざまな領域が網羅的に学べます。野村一夫先生のウェブサイト「ソキウス」にウェブ用に再編集された全文があります。http://www.socius.jp/index.html [2016.2.14]

📖『「あたりまえ」を疑う社会学——質的調査のセンス』
好井裕明, 光文社新書, 2006
★質的調査の手ほどきのなかに, 社会学の考え方が凝縮され, 社会学とは何かがタイトルでズバリと言い当てられています。深い内容ですが読みやすく, 初めて学ぶ方におすすめします。

📖『社会学の歴史Ⅰ』・『社会学の歴史Ⅱ』
奥村隆, 有斐閣, 2015
★社会学の歴史や学説史をしっかりと学べます。社会学の歴史や学説を学びたい方におすすめします。

📖『方法論的個人主義の行方——自己言及社会』
犬飼裕一, 勁草書房, 2011
★社会学理論を学べます。学術書ですが, 主要な社会学の理論がわかりやすくかつ興味深くまとめられています。個人や社会などの基本概念を問い直すプロセスがスリリングで, 推理小説のようにページを繰っていけます。理論の理解を深めたい人におすすめします。

第1章 社会学を学ぶ意義

Column ──────── **ナカムラ・コラム** ────────

マクドナルド的人生，サブウェイ的人生

　20歳くらいの頃のことです。私は東京・高田馬場のSUBWAYに偶然入りました。SUBWAYは，みなさんもよく知るサンドウィッチのお店ですが，当時はまだ珍しいものでした。その日，私はSUBWAYについてまったく知らずに，普通のファーストフード店と思ってふらりと入っただけでした。今では，SUBWAYにもサンドウィッチとドリンクとポテトのセットもあるようです（詳しく知りませんが）。しかし，私が初めて入ったそのお店は，パンの種類，はさむ野菜などのすべてを自分で決めなければならないシステムでした。

　うっかり列に並んだものの，パンの種類だけで4種類もあり，何を選んでよいかわかりません。それでも考える時間は与えられていません。私の後ろにはすでに人が数人並んでいたからです。私は急かされるままに，あてずっぽうにパンや野菜やトッピングを選んでいきました。もちろん，完成したサンドウィッチはわけのわからない代物でしたが，それを食べるしかありません。誰にも文句は言えません。すべてのトッピングを私が選んだ，まぎれもない，この私がつくったサンドウィッチだからです。

　そんな私のかたわらで，自分の好みが明確な人は，パンや野菜をすばやく的確に選択し，自分が望んだ通りのオリジナルなサンドウィッチを完成させていました。

　その後，私は社会学の講義を受け持つようになり，この時を思い出すようになります。

　高度経済成長期には，男性は学校を卒業すると正規職に就き，女性はその妻として専業主婦になって子どもを2人程度産み，郊外の戸建てに住み車を所有する。そのような人生を，好むと好まざるとにかかわらず多くの人が送っていました。ハンバーガーにポテトとドリンクがセットでついてくるマクドナルドの"バリューセット"のように，男性には正規職と妻と子どもが，女性には正規職の夫と子どもが，そして家と車もセットのようについてきました（もちろん，そうでない人たちもいました）。

　しかし，現代を生きる私たちはどうでしょう。普通に暮らしていれば，仕事も家族も子どもも家も車もセットでついてくるといった社会環境ではなくなっています。誰もが正規職に就けるわけではなく，結婚率も出生率も低下しています。

　逆に，女性が出産後も正規職として働き続ける道も開けてきました。選択肢が広がったぶん，特に女性は就職するのか，結婚するのか，出産するのか，出産後も仕事を続けるのか等々，次々と目の前に選択肢が現れます。高田馬場のサブウェイで，私がパンの種類やピクルスや何から何まで自分で選ばなければならなかったように。

　そしてそのたびに，自分で自分の人生を構成するさまざまな要素を選択していかなければなりません。もちろん，何かを選びたくてもそれを選ぶことができない場合はたくさんありますし，自分にとって好ましい状況を切り開くためにかなりの労力を必要とする場合もあります。何かを選択できることは自由でもありますが，選択し続けなければならない人生は疲労感や敗北感ももたらします。

　マクドナルド的人生もサブウェイ的人生も，どちらがよいかは判断できません。どのような時代にもそれぞれの明暗があり，生き生きと輝く人びととあがき苦しむ人びととが常に混在しているから

です。ある人が一生の間で光と闇の両方を経験することもあります。

　ここで私が言いたいことは何か。それは、すでにサブウェイ的世の中になっているのに、今なお、自分はマクドナルド的人生を送れると若い方が思っているとすれば、それは少し危ないのではないか、ということです。また、サブウェイ的自由には好ましい面だけでなく、困難を強いられる面があり、それも理解した方がよい、ということです。

　では、こうした現代社会で私たちにできることは何か。

　両親を含む年長世代とみなさんの世代の社会環境がいかに変わったのかを認識すること、現代社会をイメージでなんとなく想像するのではなく、その実態をデータや資料に基づいて把握することは、私たちが具体的にできる実践のひとつです。

The Sociology Drill Book

第2章
格差と貧困

どのような社会にも，人びとの間に経済格差が存在します。では，現代社会の格差はどこで生じ，どのような傾向があるのでしょうか。

現在，多くの国で経済格差を生んでいるのは，資本主義という社会体制です。たとえば，資本主義社会を生きる私たちの多くは，就職活動を経て職に就き，ほぼ一生の間「労働力を売って」生きていきます。しかし，こうした社会環境は決して当たり前のものではありません。人間はいつの時代も生きていくための労働はしてきましたが，必ずしも労働力を「誰かに売って」きたわけではありません。

働くことは私たちの生活の根幹ですので，現代の労働のあり方を理解すれば，自分の考え方をより広くすることができます。そして，どう生きていくかを考えるためにも，まずは現状の資本主義社会のメカニズムの理解が必須です。

≪ 本章のトピック ≫
1. なぜ格差は問題か
2. 格差は拡大しているか
3. 資本主義社会を理解する
4. 現代社会の貧困

1. なぜ格差は問題か

1.1 格差と階層移動

▶ 伝統社会の格差：

a. 　　　　　　　　　　　　　　　　　　　　：身分制度

　封建的な伝統社会では，原則として階層移動はできず，属性原理によってその人の一生が決められた。属性とは，身分・伝統・宗教・家柄などを指す。格差は人びとを納得させるしくみとして働いた。
　例）士農工商，身分にあった生業，分相応の暮らし

▶ 近代社会の格差：

b. 　　　　　　　　　　　　　　　　　　　　：実力＋努力

　近代社会では，原則として階層移動が可能になり，業績原理によって格差が生じる。
　個人が実力や努力によって業績を上げれば，所得や報酬が増えて報われる。格差は建前上個人の力に帰され，個人同士を競争させるしくみとして働く。
　例）受験競争，能力給，昇進

> 【階層と階級の違い】
> 　階層(social class)：所得，学歴，職業などで区分される社会層。子どもが親と異なる学歴を得たり，親とは異なる職業に就いたりすることを階層移動(stratification)という。
> 　階級(class)：マルクスの資本論によれば，大きく分けると階級には生産手段を持つ資本家と，生産手段を持たない労働者の2つの階級がある。そして，少数の資本家が大多数の労働者を搾取して富を握り，支配する。

1.2 格差社会とは何か

▶ **格差がない社会 vs. 格差が拡大する社会**：

　格差のない社会では，「悪平等」によって人びとは意欲を喪失し，社会が停滞する。
　格差が拡大する社会では，「不平等」に人びとは不満を持ち，社会が不安定化する。

> 【格差社会とは】
> 　格差があったとしても，多くの人が納得する格差（正当と見なされる格差）なら不満は起きない。逆に「納得できない」格差があると感じる人が多い社会は，秩序が不安定になる。この納得という「メカニズム」がうまく働くかどうかが，社会秩序の安定や社会発展の基礎となっている。
> （山田昌弘, [2004] 2007『希望格差社会』ちくま文庫: 68.）

1.3 結果の不平等と機会の不平等[1]

▶ 結果の不平等とは：

c. _____

社会的資源（地位）・財（金銭）の格差。
社会的資源・財とは，ある人が保有する社会的地位・人脈・物財・文化財等を指す。
例）個人間の所得・学歴・職業・地位・資産などの格差

▶ 機会の不平等とは：

d. _____

社会的資源・財を獲得する機会の格差。
例）親の地位や所得，本人の性別や人種等を理由とする教育や就業機会の格差

> 【結果の不平等と機会の不平等の違い】
> 　社会のなかの諸個人には，知識・技術・能力そして意欲や努力の差があり，これらに応じた報酬の格差が生じることを一概には否定できない。つまり，結果不平等を全否定することはできない。しかし，社会的不平等のもう1つの側面である機会の不平等は，民主的な社会の理念に根本的に反する。
> （鹿又伸夫, 2001『機会と結果の不平等』ミネルヴァ書房: 2.）

▶ 2つの不平等から導かれる社会的課題：

e. _____　の平等を確保すること

f. _____　の不合理な格差を是正すること

---

[1] 鹿又伸夫, 2001『機会と結果の不平等』ミネルヴァ書房: 2-3を参照した.

▶ ランキングされ,社会に配置される私たち：

　学校は人びとを選別し,そこである規格に適合するように教育し,そこを通過した者にのみ,ある社会的資源や財を得る機会を与える機能を持つ。「権力」(第8章)でくわしく学ぶが,近代的な権力は私たちを規格化・序列化(ランクづけ)して,規格外の者を排除する。そしてその権力は,社会のあらゆる場に張りめぐらされている。そのひとつが,教育である。

　教育では「機会の不平等」が重要である。家庭環境や経済状況を理由に,大学,高校,時には中学校,小学校にすら通えない若者たち,子どもたちがいる。特に人生の初期段階で教育の機会から排除されると,その後に努力しても,安定した職に就けず,ゆとりのある生活がむずかしくなる。

　現在,大学の学費値上げが進んでいるが,若者たちの人生にどのように影響するのか。教育費用の上昇は,機会の不平等に直結する。

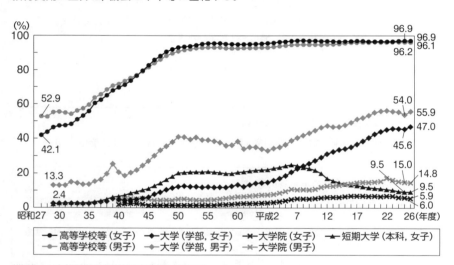

(備考) 1　文部科学省「学校基本調査」より作成。
　　　 2　高等学校等：中学校卒業者及び中等教育学校前期課程修了者のうち,高等学校等の本科・別科,高等専門学校に進学した者の占める割合。ただし,進学者には,高等学校の通信制課程(本科)への進学者を含まない。
　　　 3　大学(学部),短期大学(本科)：過年度高卒者等を含む。大学学部・短期大学本科入学者数(過年度高卒者等を含む)を3年前の中学卒業者及び中等教育学校前期課程修了者数で徐した割合。ただし,入学者には,大学又は短期大学の通信制への入学者を含まない。
　　　 4　大学院：大学学部卒業者のうち,直ちに大学院に進学した者の割合(医学部,歯学部は博士課程への進学者)。ただし,進学者には,大学院の通信制への進学者を含まない。

図2.1　学校種類別進学率の推移
(出典)内閣府男女共同参画局編,2015『男女共同参画白書　平成27年版』：83.
(http://www.gender.go.jp/about_danjo/whitepaper/h27/zentai/html/zuhyo/zuhyo01-06-01.html, 2016.2.14)

2. 格差は拡大しているか

2.1 経済格差はどう拡大しているか
▶ **格差が拡大した領域と縮小した領域：**

拡大：g.＿＿＿＿＿＿＿＿＿＿＿＿＿＿＿＿＿＿＿＿＿

縮小：h.＿＿＿＿＿＿＿＿＿＿＿＿＿＿＿＿＿＿＿＿＿

2.2 雇用環境の変化

▶ **高度経済成長期〜1990年頃：男性の終身雇用が基本**

所得は若年期にひとしく低く，年齢とともに上昇した。そのため，若年労働者と中高年労働者の所得格差，男女間の賃金格差も大きかった。

▶ **1990年代以降：非正規雇用が社会問題に**

近年，正規雇用と非正規雇用の賃金格差が問題とされるのは，1990年以降に生じた雇用環境の変化による場合が多い。

若者や女性だけでなく，男性労働者の間でも雇用形態に正規，非正規（契約，アルバイトなど）の違いが目立つようになった。

....

**男性の雇用形態や所得格差は問題とされたが，
女性のパート労働，非正規雇用は当たり前で，問題にすらされなかった。**

....

2.3 現代の非正規雇用の特徴[2]

▶ **非正規雇用の歴史と種類：**

非正規雇用は，近年突然生じた労働形態ではない。必要な時に労務を提供し，それに対して対価を支払う形態は，歴史的には一般的なものであった。

高度経済成長期に産業化が進展すると，企業の正社員層が形成され，日本では特に雇用の「正社員化」が進展した。その時も非正規雇用は存在した。その典型は農閑期にお

---

[2] 浅尾裕, 2012「非正規雇用の現段階と本書のねらい」『非正規就業の実態とその政策課題』労働政策研究・研修機構: 5-27 を参照した.

ける農家の副業等の出稼ぎ労働者であり，農繁期には原則として本業に復帰した。しかし，以下に見る現代の非正規雇用は，そうした働き方とは性質が異なる。

▶ 現代の非正規雇用の形態：

i. ：非正規雇用「第一世代」

1965年頃から非正規雇用第一世代が登場した背景には，経済の第三次産業化，サービス化がある。ただし，仕事がなくなった時にパート労働の主婦たちには帰るべき場として，家庭があった点は，それ以前からあった出稼ぎ労働と共通する。

j. ：非正規雇用「第二世代」

1990年頃から非正規雇用第二世代が増大した背景には，雇用環境の変化がある。経済の低成長やグローバル化によって競争にさらされた企業が，正規雇用を非正規に切り替えて労働コストを抑制した。

2.4 現代の非正規雇用の背景と実態

▶ 政府による規制緩和：

1985年の労働者派遣法以来，雇用の規制緩和が続き，非正規雇用が拡大した。

1985年	労働者派遣法が成立する。13業務について労働者派遣が認められる
1986年	対象業務が13業務から16業務に拡大される
1996年	対象業務が16業務から26業務に拡大される
1999年	一部禁止業務（建設，警備，港湾，製造業など）を除いて，対象業務が原則自由化される
2003年	製造業への労働者派遣が解禁される。医療関連業務も一部解禁される

現在，おもな就業が非正規雇用となったのは，男性だけではない。夫に扶養されていない女性も含まれる。

▶ 男女別非正規雇用者割合の推移：

女性雇用者の非正規割合は，1984年の30％弱から2000年代に50％超まで増大した。男性は一貫して女性より非正規の割合が低い。

第 2 章　格差と貧困

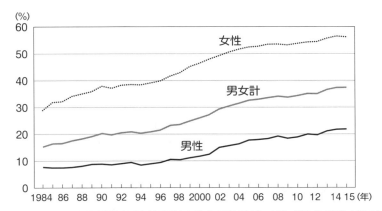

(資料) 2001年以前:総務省「労働力調査特別調査」(各年2月) 2002〜12年:総務省「労働力調査」(詳細集計,年平均) 2013年以降:総務省「労働力調査」(基本集計,年平均)

図2.2　雇用形態別雇用者数　非正規の職員・従業員割合(1984〜2015年)
(出典) 独立行政法人労働政策研究・研修機構
(http://www.jil.go.jp/kokunai/statistics/timeseries/pdf/g0208.pdf, 2016.12.13)をもとに作成

**格差の拡大や非正規雇用の背景にあるのは，
現代の資本主義社会システムである。**

---

3. 資本主義社会を理解する

3.1 「実体」と「形態」[3]

▶「実体」とは：

k.

　労働を通じた自然と人間の関係を指す。生活に必要なモノの生産や，育児や家事などの労働が実体の領域に含まれる。

---

[3] 「実体」や「形態」とは，社会学の言葉ではなく，宇野派マルクス経済学と呼ばれる学派で用いられる概念である．この２つの概念によって資本主義社会を根幹から理解することができる．経済学者宇野弘蔵の理論にもとづく経済学は，特定の思想やイデオロギーではない．資本主義を客観的にとらえる見方を学ぶため，ここで取り上げる．

015

▶「(商品)形態」とは：

l. _____

_____

　資本主義社会では，人間社会のすべての領域が金儲けの対象になる。モノ(商品)やお金(貨幣)を持たない人間は，社会関係を結べない。資本主義的市場経済は，人が生きていくために必ず必要な経済ではなく，歴史的「形態」つまり，一時期の特徴にすぎない。

資本主義社会では，実体が形態に取り込まれる。

3.2 資本主義社会とは何か[4]

▶ 資本主義社会とは：

m. _____

　人間ではなく，資本が経済活動を支配する社会は，歴史的に特殊な形態である。

▶ あらゆる社会に共通する「経済の原則」：

　どのような社会でも，人間は生活を維持するために必要な生産物と，それを生産する生産手段を獲得し，再生産を行う。これを経済学者の宇野弘蔵[5]は「経済の原則」と呼ぶ。そして「経済の原則」はどのような形態の社会にも共通する経済生活である。

　しかし，社会のあり方によって「経済の原則」の実現のしかたが異なる。

▶「経済の原則」をどう実現するか：

封建社会では，n. _____

を通じて「経済の原則」を実現する

　例）江戸時代には，領主が農民を土地に縛りつけ，強制的に農作物を生産させ，年貢を納めさせた。領主は農作物をお金で買うのではなく，農民に現物を納めさせた。商品の売買も行われていたが，一部に限られていた。

---

[4] 宇野弘蔵, [1964] 2016『経済原論』岩波文庫を参照した.
[5] 宇野弘蔵, 1897〜1977, 日本の経済学者. 著書に『経済原論』『経済政策論』など.

資本主義社会では，o. を通じて「経済の原則」を実現する

例）現代社会では，個人は自分の労働力を売り，それによって得た賃金でさまざまな商品を購入して生活する。社会全体が基本的に賃労働関係と売買関係の経済法則，つまりすべてが貨幣を媒介したやりとりに従う。

▶ 資本主義の成立に必要な2つの条件[6]：

① p. に雇われる q.

農民たちは封建的な支配関係から解放され，かつ生産手段（食料などを生産する土地）からも自由になったが，資本家に雇われて労働力を売るしか生活の手段がなくなった。

農民が土地から切り離されて，二重の意味で自由な存在になる。

② 土地が r. となり，特定の人間によって独占的に支配される

生きていくために必要な生産手段を，多くの人が所有できなくなった。一方で，土地の所有者は全員が資本家になったわけではなく，事態は多様である。

封建社会では，領主が農民を生産手段（土地）に縛りつけて農産物を生産させた。しかし，資本主義社会では人びとは生産手段（土地）を奪われ労働力を売るしかなくなる。この過程を「本源的蓄積」という。本源的蓄積とは，資本主義的生産様式の結果ではなく，その出発点である蓄積，すなわち生産者と生産手段との歴史的分離過程を指す。

> 【マルクスの「本源的蓄積」】
> 　生産の社会的形態がどうであろうと，労働者と生産手段とはいつでも生産の要因である…生産が行なわれるためには，両方が結合されなければならない。この結合が実現される特殊な仕方は，社会構造のいろいろな経済的時代を区別する。当面の場合には［資本主義社会の場合には］，自由な労働者がその生産手段から分離されているということが，与えられた出発点である。
> 　(Marx, K., 1963＝1972『資本論(4)第二巻第一分冊(国民文庫版)』大月書店: 73.)

---

[6] 楫西光速ほか, 1956『日本資本主義の成立Ⅱ』東京大学出版会: 319を参照した.

3.3 運動体としての資本[7]

▶ **資本の運動の3形式**：

経済学者のマルクス[8]は，資本を3つの「運動体」としてとらえた。

【資本を理解するために必要な略語】
マルクスの『資本論』による表記。読み方は原則ドイツ語。
- G　　（Geld：貨幣）　ゲー
- W　　（Ware：商品）　ヴェー
- P　　（Produktionsprozeß：生産過程）　ペー
- G'　（Geld：貨幣＋利潤）　ゲー・ダッシュ
- g　　（geld：利潤）　スモール・ゲー
- W'　（W＋w：元の商品価値＋剰余価値）　ヴェー・ダッシュ
---

① 「商人資本」の運動：安く買って高く売ることで利潤を得る

s. 　　　　　　　　　　　　　　：貨幣－商品－元の貨幣＋利潤

　商人資本の運動は，資本主義に先立つ諸社会に見られる。多くの場合，場所や時間の違い，あるいはその商品の価値が知られていないことなどを利用して，商人たちが儲けようとする形式。

② 「金貸資本」の運動：資金を貸し付けて，利子を得る

t. 　　　　　　　　　　　　　　　　　　　　　　　　：

貨幣・・・（時間の経過）・・・元の貨幣＋利潤

　金貸資本の運動もまた，資本主義に先立つ諸社会に見られる。金貸したちが資金を貸して，返済時に元の金額に加えて利子を得るという形式。

③ 「産業資本」の運動：商品を生産し売ることで，利潤を得る

u. 　　　　　　　　　　　　　　　　　　　　　　　　：

貨幣－商品・・・生産・・・元の商品＋剰余価値－元の貨幣＋利潤

---

[7] 宇野弘蔵，[1964] 2016『経済原論』岩波文庫：49-50を参照した．
[8] K. Marx, 1818～1883, ドイツの経済学者・哲学者．著書に『資本論』など．なお，『資本論』第2巻は，マルクスの原稿を1885年にエンゲルスが編集・出版した．

産業資本の運動は，資本主義社会に見られる。資本家が労働者を雇ってモノやサービスを生産させ，これを商品として売って利潤を得る形式。

①「商人資本」と②「金貸資本」は，資本主義社会成立以前から存在した。
③「産業資本」は，資本主義社会成立以降に初めて
広範に見られるようになった。

> 【産業資本の前提としての労働力の商品化】
> 　資本の産業資本的形式の展開は，一方で貨幣財産の蓄積と，他方で…支配服従関係から自由であると同時に，自己の労働の実現のために必要な生産手段をもたない…近代的無産労働者の大量的出現とによって始めて可能なことになる。…中世紀的な封建社会において，商品経済の発展に伴う生産力の増進と共に，その基本的社会関係をなす，領主と農民との支配服従関係が一般的に破壊され，近代的国民国家に統一される過程の内に実現されたのであった。蓄積された貨幣財産もこれによって始めて産業資本として投ぜられうることになるのである。
> （宇野弘蔵, [1964] 2016『経済原論』岩波文庫: 53.）

▶ 資本とは：

v.

　資本は，①〜③の形式の運動を通じて，G(貨幣)からW(商品)へ，W(商品)からG'(貨幣＋利潤)へ，その貨幣から商品へと，次々に姿を変えながらこの過程を繰り返す運動体である。
　G(貨幣)，W(商品)，G'(貨幣＋利潤)のどれも，それだけでは「資本」ではない。

▶ 資本の目的と理想：

w.

　利益(＝利潤，儲け)を得るためなら何でも生産し，何でも売る。
　例）武器，添加物入り食品
　「軍需生産・軍需品の技術の発展効果とは何か。それは，いかに効率よく人間を大量に殺しくすることにある。明らかに人道に反することが，技術・研究の発展とされる。この発展を経済発展のテコにするということ自体完全に転倒している」[9]

---

[9] 鎌倉孝夫, 2015『帝国主義支配を平和だという倒錯』社会評論社: 328.

モノやサービスを生産しなくても，所有するだけで利潤が殖える。
例）株式や不動産の売買など

> 【社会の主人公としての「資本」】
>   現実の貨幣を出発点とし終点とする流通形態G…G'は，金もうけを，この資本主義的生産の推進的動機を，最も簡単明瞭に表わしているのである。生産過程は，ただ，金もうけのためには避けられない中間の環として，そのための必要悪として，現れるだけである。{それだから，資本主義的生産様式のもとにあるどの国民も…生産過程の媒介なしに金もうけをなしとげようとするのである。}
>   (Marx, K., 1963=1972『資本論(4)第二巻第一分冊(国民文庫版)』大月書店: 102.)

ここでの生産過程とは，そこで雇われて働く人たちの労働を指す。資本主義社会では，それは資本にとって「必要悪」であるとマルクスは指摘する。資本が増えさえすれば，働く人たちの労働や暮らしはどうでもよいことを意味する。資本主義社会の主人公が，私たち「人間」ではなく「資本」であることが，ここからもよくわかる。

しかしマルクスは，私たち「人間」の主体性を軽んじる資本主義社会のしくみをよしとしていたわけではない。本書では取り上げないが，マルクスは，労働者が団結することによって社会を変えられると考え，「人間」は社会の変革主体であるととらえていた。

**資本主義社会では，
「商品生産の営みはすべて同時に労働力搾取の営みになる」[10]**

3.4 資本と国家の関係

非正規雇用が拡大した背景には，政府による雇用の規制緩和策があった(2.4の表)。その推進力となったのが，1980年代以降の新自由主義と呼ばれる思想とその考え方に基づく政策の世界的な展開であった。

▶ 新自由主義(ネオリベラリズム)とは：

無制限の利潤追求を企業に保証する思想・政策。新自由主義によって，大企業は自由な利潤追求のために国家の干渉を排除し，国家を利用する。本来の意味での自由競争とは異なる。世界中の国々に新自由主義が蔓延した背景には，市場競争のグローバル化がある。

---

[10] Marx, K., 1963=1972『資本論(4)第二巻第一分冊(国民文庫版)』大月書店: 74.

**資本主義社会は形式的には「自由で平等」とされるが，
現実には不平等による格差や貧困が生まれる。**

　文化人類学者のベイトソン[11]は，自然界のなかで貨幣がいかに例外的なシステムとして作用するかを述べる。人間社会では本来，特定の変数(利潤)の「最大化」ではなく，諸変数(利潤だけでなく，資源や労働など)の最適値(バランス)がめざされる。

> 【自然界の例外としての貨幣システム】
> 　セコイアの森林に具わった諸変数のうち，システム全体が一つの変数の最大化に目的を絞りこんで作動し，他のすべての変数を単に補助的なものとして扱うなどということは起こりえない。それは，最大化ではなく，つねに変数を最適値に保つことをめざすのだ。それはいつも「足るを知る」。そこでは「過ぎたる」は「十分」に及ばない。(西洋的な観念に基づくシステム，とりわけ貨幣システムは，生きたシステムのなかの，極めて顕著な例外である。)
> 　(Bateson, G., 1972=2000『精神の生態学　改訂第2版』新思索社: 451.)

4. 現代社会の貧困

4.1 現代の貧困の特徴

▶ 貧困を生み出す2つの要因[12]：

① y．

　例) 不況による企業の倒産，人員削減による失業，就業条件の悪化など経済構造の変動による貧困

② z．

　例) 子どもの学費・養育費による生活費の増加，転職，退職，失業，離婚などによる収入減少など生活の変化による貧困

**誰もがすぐに貧困に陥るわけではない。
ある人が貧困化する前に，いくつもの排除が存在する。**

---

[11] G. Bateson, 1904〜1980, アメリカの文化人類学者. 著書に『精神の生態学』など.
[12] 岩田正美, 2007『現代の貧困』ちくま新書: 138.

▶ 教育・福祉からの排除による貧困化[13]：

① **A.** からの排除

例）学歴格差。親世代の貧困が原因で，子が教育課程から排除される。

② **B.** からの排除

例）非正規雇用。雇用機会のネットワークから排除され，低賃金だけでなく，雇用保険・社会保険に加入できず，失業後の再雇用も不安定。企業内労働組合に加入できず，正規職が享受するさまざまな福利厚生からも排除される。

③ **C.** からの排除

例）離別，単身者。親や子ども，きょうだいなどに生活費や緊急時の援助を頼れない。家族扶養を前提とする福祉から排除される。

④ **D.** からの排除

例）生活保護行政。自治体の窓口で，生活保護申請者が追い返される。若者「まだ働ける」「親が扶養を」，高齢者「子どもに扶養を」，母子家庭「別れた夫の養育費で生活を」，ホームレス「住所不定は保護できない」など，福祉行政から排除される。

⑤ **E.** からの排除

例）うつ傾向，ひきこもり。①～④の排除を受けると本人もそれを「自分のせい」と思い込む。人は自分の尊厳を守れず，生きる意欲を失い，自分には価値がないと追い込まれる。

4.2 女性の貧困化

▶ 女性の貧困とは[14]：
① 非正規雇用の増加によって，女性の正規雇用の割合は増えていない。
② 未婚化，離婚の増加によって，家族，おもに夫に扶養される女性が減少した。
③ 失業，親の死去，夫の年収低下，離婚などによって，女性は将来貧困化する可能性がある。

---

[13] 湯浅誠, 2008『反貧困』岩波新書：60.
[14] 山田昌弘, 2015「女性労働の家族依存モデルの限界」『下層化する女性たち』勁草書房：23-44を参照した．

▶ 女性の非正規雇用の拡大:「1985年」の光と陰

　女性の貧困化の第一の理由に,女性の非正規雇用の拡大がある(未婚率の上昇は第3章)。

　1985年に「男女雇用機会均等法」と同時に「労働者派遣法」が施行された。1985年以後,女性はさまざまな職業分野に就職し,社会進出への道が切り開かれたが,その陰で,雇用の規制緩和が着々と進められ,多くの職が非正規雇用に切り換えられた。その結果,低賃金で社会保険に加入できず,福利厚生もない働き方が広まった。

「働く女性全体も増えたが,独身で働く女性も増えた」
「独身アラフォーの非正規雇用者の割合はどんどん高くなった」

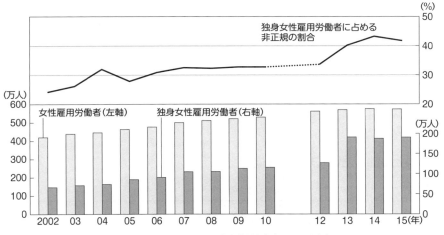

図2.3　女性雇用労働の推移(35 〜 44歳)
(出典)日本経済新聞電子版をもとに作成
(http://style.nikkei.com/article/DGXMZO06162820X10C16A8TY5000, 2016, 8, 20.)
(資料)総務省「労働力調査」各年。2012年まで「未婚女性」,2013年以降「無配偶女性」,2011年はデータなし。在学中を除く。

4.3　貧困への対応

▶ 貧困は拡大しているか[15]:

　貧困が拡大した,縮小したとは一概に言えない。貧困は増減の問題ではなく,貧困状態におかれた人びとが多数存在し,その現実に社会がどう対応すべきかが重要である。

---

[15] 岩田正美,2007『現代の貧困』ちくま新書:217. 貧困の境界がどのように設定されてきたかは2章を参照.

「[貧困が]増えているのか減っているのかは，貧困の境界をどう設定するかによって変わってくる。境界の設定は，社会の価値判断と関連してくる」[16]

> **【貧困は個人の努力不足が原因ではない】**
> 　会社の業績不振で退職を余儀なくされた人や，トップの失敗のせいで倒産した企業にたまたま勤めていた人，何度も正社員としての就職を試みたが不採用だったフリーター，失業した夫と結婚していた主婦…などは…努力してもたまたま報われなかった「偶然の被害者」であることが多い。だから，自分も真面目に努力して生活していても，中流生活が保証されない，転落してしまうかもしれないという「底抜けのリスク」が増大したことが，人々の格差拡大への不安を増幅させているのである。
> （山田昌弘，[2006] 2009『新平等社会』文春文庫: 46.）

▶ 社会的包摂とは：

生活困窮者の社会参加と経済的自立の支援を指す概念。
「将来的に生活困窮に陥る可能性のあるすべての市民を対象とし，就労だけではなく，広義には，家族ケア，教育，リハビリテーションなど多様な社会活動に人々を包摂していくものである」

▶ 社会的包摂の3つの方向性：

① F.

　就労（ワーク）を福祉（ウェルフェア）の受給条件とする考え方[17]。就労努力が不十分と見なされると給付停止などの措置が課される。「どちらかといえば支援よりも強制や指導で就労へ導くアプローチ」

② G.

　就労や所得にかかわらず，すべての国民個人に基礎所得として一律の現金給付を行う考え方。現時点では，この政策を実施した国はない。すべての人が生活保障される反面職業訓練など公的な就労支援の中止につながり，新たな社会的排除や労働市場からの排除を生む可能性もある。

---

[16] 宮本太郎, 2013『社会的包摂の政治学』ミネルヴァ書房: 8.を参照した．引用も同.
[17] 宮本太郎, 2006「ポスト福祉国家のガバナンス」『思想』983: 36. 引用も同.

第2章 格差と貧困

> **【労働からの排除】**
> 「働きたいのに（仕事がなくて）働けない」人たちが欲しいのはお金ではなく仕事です。もし労働市場から排除された人たちに現金を給付することしかしないのなら、もちろん彼らの生活は保障されるかもしれませんが、「労働市場からの排除」という状態は固定化されてしまうでしょう。…働かなくてもいい社会をつくるのなら職業訓練や雇用対策なんて必要なくなりますからね。しかしこれは、結局のところ、雇用や労働に対する責任から政府を解放することにしかならない。現金支給以外のことは政府はなにもしなくてもいい、ということですから。
> （萱野稔人, 2012「ベーシックインカムがもたらす社会的排除と強迫観念」『ベーシックインカムは究極の社会保障か』堀之内出版: 134, 136.）

③ H.

社会的包摂の場として労働市場を重視しつつも、強制よりも支援に重点をおき、生活が停滞している人びとを活性化させる考え方[18]。

心身の不調や家庭環境など、さまざまな理由で働いていない人に、就労を義務づけるのではなく、職業訓練、生涯教育などで就労可能性を向上させる。また、女性が働きやすいように保育や介護サービスなど、就労条件を整備する。

本章のまとめ

**個人の生活も社会を改革する政策も、
「資本」の利潤増殖過程に飲み込まれないように、
資本主義の原理を正確に理解する必要がある。**

---

[18] 宮本太郎, 2006「ポスト福祉国家のガバナンス」『思想』983: 37.

Book Guide ブックガイド 2

📖『社会を結びなおす——教育・仕事・家族の連携へ』
本田由紀, 岩波ブックレットNo.899, 2014
★現代社会を理解する基本書。現代の教育・仕事・家庭の問題点と，新しい社会像が提示されています。

📖『格差の社会学入門——学歴と階層から考える』
平沢和司, 北海道大学出版会, 2014
★格差概念を正確に理解したい，データにもとづいて格差の現状をしっかり学習したい読者におすすめします。

📖『「はじめてのマルクス」を読むために』
鎌倉孝夫・佐藤優, 週刊金曜日, 2014［Kindle版］
★対談形式の読みもの。資本主義のしくみを理解する最初の本としておすすめします。マルクス経済学の宇野理論を継承する鎌倉孝夫先生は，第1章においてマルクスの『資本論』を「イデオロギー」ではなく「科学」として，論理で理解するよう強調しています。

📖『現代の貧困——ワーキングプア／ホームレス／生活保護』
岩田正美, ちくま新書, 2007
★現代社会の貧困についての基本書。湯浅誠『反貧困——「すべり台社会」からの脱出』岩波新書（2008）も，貧困を理解する基本書です。

📖『生活保障——排除しない社会へ』
宮本太郎, 岩波新書, 2009
★どのような生活保障があり，それぞれの利点や限界は何かを理解することができます。特定の生活保障を深く学ぶ前に，本書を通じて，複数の社会保障のあり方を俯瞰して把握することは必要でしょう。

📖『ミドルクラスを問いなおす——格差社会の盲点』
渋谷望, NHK出版生活人新書, 2010
★新自由主義（ネオリベラリズム）はなぜこれほど支配的になったのか。ネオリベラリズムを批判する書籍はたくさんありますが，それらを唱導／受容する心情の次元から説明しています。

📖『若者はなぜ「就職」できなくなったのか？——生き抜くために知っておくべきこと』
児美川孝一郎, 日本図書センター, 2011
★「学校から仕事への移行」で生じる問題がていねいに解説されています。ブックガイドが充実しており，若者のキャリアを深く学ぶ道筋がわかります。いまや，多くの大学生にとって将来を左右する「就活」は最大の関心事です。就活の波が大学教育を侵食する時代といえるでしょう。

今から1年後も、この同じ仕事についているのを想像しようとはするんだけど──
──全然、絵が浮かばないのよね。

ねえ、父さん──家をとるか人生をとるかだよ
──ぼくは人生をとる。

（出典）Coupland, D., 1991=1992『ジェネレーションX』角川書店：34, 139.

Column ナカムラ・コラム ②

世界のわからなさ

　子どもの頃から，私にとって世界や他者はいつもわからないものでした。わからない，ということは恐怖を喚起します。それで，すがるように本を読むのですが，読んだ本もよく理解できず，しかたなくさらに本を読むことになりました。大人になった今では，理解できる事象も増えていますが，世界や他者は，いつも私の理解を超えたところでさまざまな面を見せてくれるので，日々，退屈することはありません。

　他方で，人びとは世間をよく知り，悠々と生きているように見えました。小学校のクラスで，大学院の研究会で，主婦の集まりで，周囲の人たちはいろいろなことを「わかっている」ように私の目にはうつりました。

　そんなある時，私は，「わかった」かのようにふるまう人たちが，実際には何もわかっていないことをまとめて垣間見る機会があり，文字通り仰天しました。ある事象を何も理解していないのに，わかっているかのように話したり，批判したり，何かを完全に理解していると思い込んでいる人がたくさん存在したのです。

　私がこのことに気づいたのはずいぶん遅く，30代の半ばを過ぎた頃でした。その後，「わかる」とか「知っている」とはどういう状態を指すのかを，よく考えるようになりました。

　たとえば，自分が何かを知らない可能性につねに思いを馳せ，謙虚になる能力は，重要な知性のように思えます。自分が十分理解したと思っている事象であっても，つねに「まだ自分はわかっていない部分があるかもしれない」と考えることは，新しい知に対して開かれた姿勢でしょう。

　こう考えると，「私はアレモコレモ知っています」という人びとからは，新しい知に対して閉じている印象を受けます。逆に，「アレも知っている，コレもわかっていると語ることで，いったい何をしたいのだろう」という疑問すら浮かびます。「わかった」「知っている」というスタンスは思考停止でありながら，同時に，エゴが絡むこともあるからです。「わかっている」という状態は優越感をもたらし，「わかっている自分」と「わかっていない他者」を分断し，序列化します。「知っているふり」をすることで優位に立ち，相手をコントロールする人もいます。営利を追求する世界ではよくあるふるまいかもしれません。残念ながら，学問の世界でも多々あることです。

　ただし，若いみなさんが何かをわかったふりをして，後でこっそり知識を補強するのは，あながち否定できません（私はそのような経験はなく，周囲の人がそうしている可能性すら気づかなかったため，大学院生時代はつねに劣等感を感じていました）。若者が少し無理して背伸びしている様子は，新しい知に向けられた姿勢にうつります。

　さらに閉じている姿勢に，「わからなくてもいい」「学ばなくてもいいじゃないか」という居直りがあります。これも思考停止であり，そこには学びの喜びはないでしょう。

　とはいえ，どのような方も私の講義では歓迎します。なぜなら，私もある種の知に対して閉じていたり，知っているつもりになっていたり，わからなくていいと居直っていたり，そんなことを自覚せずに繰り返している点で，他の人とそう変わらないからです。そして，世界は謎に包まれており，理解できない事象は日々起こっています。

　私は講義を通じて，みなさんと一緒にこの世界の「わからなさ」を少しでも理解したい，わからない不安やわかる喜びを共有したいと思い，日々，教壇に立っています。

The Sociology Drill Book

第3章
恋愛と結婚

　人間はどのような時代でも、子どもを産み育て、生活を維持するために共に暮らしてきました。現代では、結婚や子育てをしないライフスタイルも増えていますが、人間同士が共同して暮らす生活のあり方は「家族」と呼ばれ、ずっと続いています。それを支えているのが結婚という制度です。

　「家族」にはさまざまな形態がありますが、これまで日本では、人びとはどのように「家族」を生きてきたのでしょうか。恋愛と結婚はどのような関係にあり、現代家族にはどのような傾向が見られるでしょうか。家族の「実態」と現行の「制度」のずれにも注目します。

≪ 本章のトピック ≫
1. 恋愛と結婚の関係
2. 日本の家族の歴史
3. 結婚と家族の現在

1. 恋愛と結婚の関係[1]

1.1 恋愛と結婚の違い

▶ 恋愛とは：a.＿＿＿＿＿＿＿＿＿＿＿＿＿＿＿＿＿＿＿＿＿＿
　　　　　：b.＿＿＿＿＿＿＿＿＿＿＿＿＿＿＿＿＿＿＿＿＿＿

恋愛は感情にもとづき，相手に会いたい・触れたいという欲求と行動を指す。

▶ 結婚とは：c.＿＿＿＿＿＿＿＿＿＿＿＿＿＿＿＿＿＿＿＿＿＿
　　　　　：d.＿＿＿＿＿＿＿＿＿＿＿＿＿＿＿＿＿＿＿＿＿＿

結婚は制度にもとづき，パートナーと共に安定した生活の単位（家族・世帯）を形成する。

家族社会学者の山田昌弘は，恋愛と結婚は別次元の現象であるとし，社会は両者の不一致にどのように対処してきたかを次のように述べる。

> 【「恋愛」と「結婚」は別次元の現象である】
> 　恋愛は，もっとも広義にとった場合，特定の相手と心理的，身体的コミュニケーションをとりたい欲求と位置づけられる。…
> 　結婚は，二つの親族を結び合わせ，夫婦という労働・経済的単位を作り上げるという社会的機能をもち，他の社会制度と結びついている。
> （山田昌弘，1994『近代家族のゆくえ』新曜社：122-123.）

▶ 「感情」と「制度」は現実に一致するとは限らない：

例）好きになった相手が，結婚相手としてふさわしいとは限らない
　　結婚相手にふさわしくても，好きになれるとは限らない
　　結婚後に，恋愛感情を持続できるとは限らない
　　結婚相手以外に，恋愛感情を持たないという保証はない

....

**恋愛と結婚は必ずしも一致せず，それぞれ別の領域で多様に存在し，
結合する。恋愛と結婚の対立・不一致に，社会はどう対処してきたのか。**

....

---

[1] 山田昌弘，1994『近代家族のゆくえ』新曜社：122-123 を参照した．

1.2 恋愛と結婚の対立[2]

▶ 恋愛と結婚の対立・不一致に対処する３つの戦略：

【花魁】　　　【ヒジャブ（イスラムのヴェール）】　　　【ウェディングドレスの花嫁】

① 恋愛と結婚の e._____ 戦略

f._____

　恋愛と結婚を分離し，無関係として，結婚を恋愛から遠ざける。
　例）妾，婚外の男女交際（いわゆる不倫）。
　　　日本の江戸時代:花魁（おいらん）遊び。
　　　中世ヨーロッパ:騎士が貴族の妻から寵愛を得ようとする騎士道恋愛。

② 恋愛の g._____ 戦略

h._____

　恋愛を抑制し，男女の出会いを禁じて，恋愛が生じないようにする。
　例）ヒジャブ（ヴェールの一種）。イスラム教の社会では，女性は近親者以外の前では，ヴェールをかぶり身体を隠す。配偶者を選ぶ際に恋愛感情が生じるのを回避する。

③ 恋愛と結婚の i._____ 戦略

j._____

　恋愛と結婚を結合し，恋愛の延長線上に結婚を位置づける。「愛・結婚・性の一致」が理想。
　例）近代的恋愛（ロマンチック・ラブ）。18〜19世紀に西欧社会に誕生し，定着した。日本では1960年代半ばに，恋愛結婚が見合い結婚を上回り，近代的恋愛が一般化する。

---

[2] 同上: 123-127 を参照した.

▶ **k.**

近代的恋愛のイデオロギーを指す。「愛と性と婚姻の一致」が唯一の正しい性行動と説く，道徳的教え，規範。「愛があるから結婚する」という考え方は，18～19世紀にかけて欧米で徐々に浸透・定着し，一夫一婦制にもとづく近代家族が成立したとされる。

> 恋愛と結婚に対処する戦略の目的は，
> 結婚制度に性を取り込んで，社会の安定を図ること，
> 子どもを出産・養育しない，欲求としての性行動を取り締まることにある。

1.3 見合い結婚と恋愛結婚

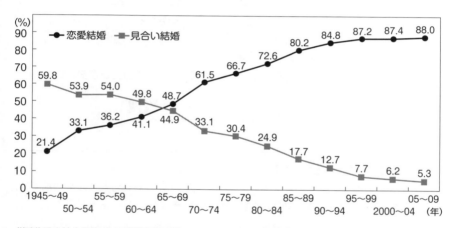

(資料)国立社会保障・人口問題研究所「第14回出生動向基本調査(夫婦調査)」(2010年)
(注)初婚同士の夫婦について調査したもの。
　「その他・不詳」と回答した人もいるため，「恋愛結婚」と「見合い結婚」の和が100％にならない。

図3.1　恋愛結婚・見合い結婚割合の年次推移
(出典)厚生労働省，2015『平成27年度版　厚生労働白書』: 72をもとに作成
(http://www.mhlw.go.jp/wp/hakusyo/kousei/15/dl/1-01.pdf, 2016.12.3)

戦前の日本では見合い結婚が主流であったが，1965年頃を境に，見合い結婚と恋愛結婚の割合が逆転し，2000年代には9割近い夫婦が恋愛結婚となった。

　男女は恋愛を経て結婚するべきだ，という欧米のロマンチックラブ・イデオロギーが日本にも浸透して見合い結婚が減り，恋愛結婚が増加したと考えられてきた。しかし，実態はもう少し複雑である。

【誰もが恋愛結婚できるのか】

　近代は，一夫一婦制を推進し，結婚を奨励したが，同時に，恋愛結婚至上主義という鬼子をも生み出した。しかし，人間には能力の差があることを直視する新近代主義の立場では，恋愛というのは誰にでもできるものではない。そして日本では敗戦後，特に八〇年代以降，恋愛は誰にでも可能だというデマゴギーが流布され，多くの若者を無用な苦悩に追いやった。私は，このデマゴギーを否定し，恋愛の才能のない者のための友達結婚というものを奨励するのである。

（小谷野敦，2000『恋愛の超克』角川書店：240-241．）

【明治以前は恋愛結婚が多かった？】

　「恋愛結婚」を「近代的現象」，「見合結婚」を「伝統的現象」とみなす問いの立て方は歴史を無視した見解に基づいているとも言える。むしろ，「恋愛結婚」対「見合結婚」という単純なカテゴリーに分類するとすれば，日本の歴史のなかでは前者は明治以前の「前近代」に多く，後者は明治以降の「近代」ではじめて多数を占めるようになったということにもなる。明治以前には「見合結婚」らしい配偶者選択のパターン，すなわち「家柄・財産を考慮しての，家長による配偶者選択」は武士階級を中心に上層部にかぎられていた。…それに対して，人口の8割を占めた農民のなかでは「恋愛から結婚への道が公認され」ていた。…つまり，「恋愛結婚」が「見合結婚」をはるかに上回っていたのである。そして，明治以降，農村への貨幣経済の導入によって，「遠方婚」や戦略的な結婚があらゆる階層にとってはじめて可能になり，それまで上層部にかぎられていた「見合結婚」がだんだん庶民にまで広がるようになったのである。…「恋愛結婚」対「見合結婚」という単純な範疇で言えば，「恋愛結婚」こそが「前近代的」であり，見合結婚こそが「近代的」という，やや皮肉な結論に至る。

（Notter, D., 2007『純潔の近代』慶應義塾大学出版会：121．）

**男女は恋愛を経て結婚するのが，これまでの日本人の常識であった。
しかし近年，日本の恋愛・結婚は大きく揺らいでいる。**

2. 日本の家族の歴史

2.1 「家」をめぐる制度の変遷

▶ 戸籍制度とは：

　明治4年（1871年）国民の総人口の把握，脱籍者の取り締まりを直接の目的として戸籍法が成立した。これによって，国家の基礎単位としての家族が創出され，国家から直接把握されるようになった。「戸籍制度は，封建的な身分階層制を破壊して，『国民』観念を生み出す役割を担っていくことになる」[3]

【同居していれば，家族？　明治時代の「家族」と「親族」】
　明治4年の壬申戸籍は，〈戸＝家〉を基本的に〈同居する家族〉の集団として構成した。同じ家に居住するかどうかで親族を区分し，同居の親族のみを家族と見なしたのである。これにより，家族が親族の中の一定範囲を表す語として成立し，親族は家族と区分されることになった。しかし，同居という基準（居住地主義）は，使用人や傍系親族など，本来別の戸に属すると思われる者をも附籍として入籍することになった。
　（広井多鶴子，2002「〈家族〉概念の成立――明治前期の家族と親族」: 19.）
　（http://hiroitz.sakura.ne.jp/resources/%E8%AB%96%E6%96%87/concept-of-family2.pdf）

▶ I.

　家にもとづく日本の家族制度を指す。明治31年（1898年）の旧民法（明治民法）において一律に法制化された。戸主が家族を統括する支配―服従の関係があり，男子が優先された。一つの戸籍には戸主とすべての家族の名が記載され，すべての日本人はいずれかの戸籍に記載された。

　しかし，分籍手続きは強制されなかったため，戸籍上の家族と実際に暮らしている家族が異なることもあった。「親とともに暮らす長男の家族とは別に，次男，三男たちはそれぞれの独立した生計を営む家族を作り，しかも長男の家族と次・三男たちの家族とが戸籍上は一つの『家』を構成する」[4]

....

旧民法は約50年後，日本国憲法の制定に合わせて新民法に改正された。

....

[3] 小山静子，[1995]2002「家族の近代」『日本家族史論集4 家族と社会』吉川弘文館: 248.
[4] 小山静子，1999『家庭の生成と女性の国民化』勁草書房: 9-10.

▶ **民法改正と家制度の廃止：**

昭和22(1947)年に日本国憲法が施行され，平等な関係性にもとづく民主的な家族の原則が提示された。

> 「**第24条**　婚姻は，両性の合意のみに基いて成立し，夫婦が同等の権利を有することを基本として，相互の協力により，維持されなければならない。
> 　2　配偶者の選択，財産権，相続，住居の選定，離婚並びに婚姻及び家族に関するその他の事項に関しては，法律は，個人の尊厳と両性の本質的平等に立脚して，制定されなければならない。」

戸籍は残されたが，戦後まもなく「家制度」は廃止された。
私たちが育ってきた戦後家族や現代の家族とは，どのようなものか。

2.2　近代家族モデルの普及と浸透

▶ **m.　　　　　　　　　　　　　　の一般的特徴[5]：**

① 家内領域と公共領域の分離
② 家族構成員相互の強い情緒的関係
③ 子ども中心主義
④ 男は公共領域・女は家内領域という性別分業
⑤ 家族の集団性の強化
⑥ 社交の衰退とプライバシーの成立
⑦ 非親族の排除
⑧ 核家族
⑨ 家族を統括するのは夫である
⑩ 家族は近代国家の基礎単位とされる

---

[5] ①から⑧までは，落合恵美子，[1994]2004『21世紀家族へ [第3版]』有斐閣選書：103 による。⑨と⑩は西川祐子が加えることを提案した．「むしろ第⑩項目を独立させて近代家族の定義とし，残りの九項目は近代家族の一般的性質あるいは近代家族のメルクマールにすべきと，逆転して考えるにいたった」(西川祐子, 2000『近代国家と家族モデル』吉川弘文館：15.).

> 【家内領域と公共領域の分離】
> 　わたしたちは無意識のうちに，家族とは社会と一線を画する私的な領域であり，私的世界としての「家の内」と，社会的・公的な意味づけを与えられた世界である「家の外」というわけ方が，超歴史的に存在すると考えがちである。しかし，そうではなく，近世社会においては，家族とは公私の性格をあわせもつ存在であり，近世とは家内領域と公共領域とが未分化な社会であった。その結果，たとえば，武士家族にあって子どもとは，家名・家禄・家業を体現した「いえ」を存続させていくための公的存在であり，出産や育児なども私事ではありえなかった。
> 　（小山静子, 1999『家庭の生成と女性の国民化』勁草書房: 13.）

▶ n.　　　　　　　　　　　　　　　　　　　　　　　　　　：

　親と未婚の子からなる家族を指す。父親あるいは母親と未婚の子からなる世帯，子どものいない夫婦のみの世帯も含まれる。

▶ 戦後家族モデルの浸透：

　第二次世界大戦後，1950〜70年代までの間に，第二次・第三次産業の雇用者（サラリーマン層）が急増する。同時に，農家や自営業の嫁はサラリーマン層の妻となり専業主婦が増加した。つまり，高度経済成長期に女性は「主婦化」した。こうして，正規雇用で働く夫と専業主婦の妻，2人程度の子どもによる「家族の戦後体制」[6]が成立した。

**日本の高度経済成長期に近代家族が普及し，
正規雇用の夫と専業主婦の妻，2人程度の子どもを育てる
戦後家族モデルが標準的な家族と認識されるようになった。
しかし現在，結婚と家族の実態は変化している。**

---

[6] 落合恵美子, [1994]2004『21世紀家族へ[第3版]』有斐閣選書.

第3章 恋愛と結婚

3. 結婚と家族の現在

3.1 データに見る現代の結婚と家族

統計データを踏まえて，現代の結婚と家族を考察する。

▶ 未婚率の上昇：

生涯未婚率とは，50歳まで結婚したことのない人の割合（％）を指す。2010年に男性は20％，女性は10％を越え，2035年には男性30％，女性20％に迫ると予想されている。

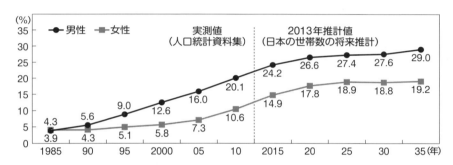

(資料) 国立社会保障・人口問題研究所「人口統計資料集（2015年版）」，「日本の世帯数の将来推計」（全国推計）（2013年1月推計）」
(注) 生涯未婚率は，50歳時点で一度も結婚をしたことのない人の割合であり，2010年までは「人口統計資料集（2015年版）」，2015年以降は「日本の世帯数の将来推計」より，45～49歳の未婚率と50～54歳の未婚率の平均。

図3.2　生涯未婚率の推移
(出典) 厚生労働省，2016『平成28年度版　厚生労働白書』: 250.
(http://www.mhlw.go.jp/wp/hakusyo/kousei/16/dl/2-03.pdf, 2016.12.3)

▶ 未婚化の2つの背景[7]：

① o.

希望水準は「こうありたい」と期待するイメージを指す。女性の高学歴化と社会参加が浸透したことによって，女性が自分より高い学歴や収入を結婚相手に期待するなど男女のミスマッチが生じ，配偶者選択がむずかしくなった。

---

[7] 筒井淳也，2015『仕事と家族』中公新書：54 を参照した．

② p.

　現実水準は「こうなりそう」という実態を指す。経済低成長時代に入って男性の所得増加が見込めず，結婚後の妻子の扶養がむずかしくなった。

　未婚化はそのほかに，個人に結婚を強要してきた道徳的教え，規範の衰え，外食産業・コンビニエンスストアなど単独世帯が生活しやすい社会環境の普及など，複数の要因が関係する。

▶ 未婚者の結婚意思：

　10代後半〜30代後半の未婚者は，男女とも8〜9割が結婚する意思を持つ。結婚して家族を形成する意思（希望）と，実際は結婚していない（現実）ずれが表れている。

第8回〜9回調査:18〜34歳未婚者，第10〜14回調査:18〜39歳未婚者

調査	男性 いずれ結婚するつもり	男性 一生結婚するつもりはない	男性 不詳	女性 いずれ結婚するつもり	女性 一生結婚するつもりはない	女性 不詳
第8回調査(1982年)	95.9	2.3	1.8	94.2	4.1	1.7
第9回調査(1987年)	91.8	4.5	3.7	92.9	4.6	2.5
第10回調査(1992年)	89.4	5.3	5.3	89.2	6.1	4.7
第11回調査(1997年)	85.5	6.7	7.8	88.3	5.5	6.2
第12回調査(2002年)	86.5	5.7	7.8	87.6	5.3	7.1
第13回調査(2005年)	86.4	7.5	6.0	88.8	6.5	4.8
第14回調査(2010年)	84.8	10.4	4.8	87.7	8.0	4.3

（資料）国立社会保障・人口問題研究所「出生動向基本調査」，鎌田(2013)より厚生労働省政策統括官付政策評価官室作成
（引用文献）鎌田健司(2013)「30代後半を含めた近年の出産・結婚意向」ワーキングペーパーシリーズ(J)国立社会保障・人口問題研究所

図3.3　未婚者の生涯の結婚意思
（出典）厚生労働省, 2013『平成25年度版　厚生労働白書』: 66.をもとに作成
(http://www.mhlw.go.jp/wp/hakusyo/kousei/13/dl/1-02-2.pdf, 2016.2.14)

第3章 恋愛と結婚

▶ **離婚率の上昇：**

　離婚率とは，人口に対する離婚数を指す。離婚の実数も離婚率も1960年代から上昇を続け，1980年代前半と2000年代前半にピークを迎えた。2010年以降は減少傾向にある。

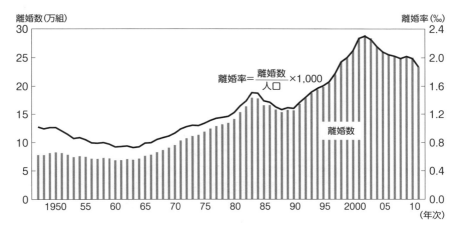

(資料)厚生労働省大臣官房統計情報部「人口動態統計」より厚生労働省政策統括官付政策評価官室作成
(注)1972年以前は沖縄県を含まない。

図3.4　離婚数及び離婚率の年次推移
（出典）厚生労働省，2013『平成25年度版　厚生労働白書』: 57.をもとに作成
(http://www.mhlw.go.jp/wp/hakusyo/kousei/13/dl/1-02-2.pdf, 2016.2.14)

【データの読み方:離婚は不幸とは限らない】

　データを読むとき，何の根拠もなく勝手な解釈を加えないこと，自分の価値観にもとづいて解釈しないこと(たとえば，離婚は不幸であるといった思い込みなど)が大切である。

　離婚率上昇のデータは，離婚する夫婦の割合の増加を示すだけである。離婚によって人びとがどのような経験をしているのか，個々の離婚の内実はこのデータからは一切わからない。母子世帯が増加して貧困化していると推測できる一方，女性が経済力をつけた結果，不幸な婚姻関係を終わらせたと推測することも可能だ。しかし，データからわからないことは，わからないままにしておくべきであり，強引に解釈を加えてはいけない。

▶「単身世帯」「夫婦のみ世帯」の増加：

　戦後家族モデルである，夫婦と未婚の子のみの世帯割合は，1970年代の4割強から2010年代の3割まで減少した。三世代世帯の割合は一貫して減少している。単独世帯と夫婦のみの世帯割合は増加傾向にあり，単独世帯は全世帯の4分の1を越えた。

年	単独世帯	夫婦のみの世帯	夫婦と未婚の子のみの世帯	ひとり親と未婚の子のみの世帯	三世代世帯	その他の世帯
昭和50年(1975)	18.2	11.8	42.7	4.2	16.9	6.2
61 (1986)	18.2	14.4	41.4	5.1	15.3	5.7
平成元年(1989)	20.0	16.0	39.3	5.0	14.2	5.5
4 (1992)	21.8	17.2	37.0	4.8	13.1	6.1
7 (1995)	22.6	18.4	35.3	5.2	12.5	6.1
10 (1998)	23.9	19.7	33.6	5.3	11.5	6.0
13 (2001)	24.1	20.6	32.6	5.7	10.6	6.4
16 (2004)	23.4	21.9	32.7	6.0	9.7	6.3
19 (2007)	25.0	22.1	31.3	6.3	8.4	6.9
22 (2010)	25.5	22.6	30.7	6.5	7.9	6.8
25 (2013)	26.5	23.2	29.7	7.2	6.6	6.7

（夫婦のみの世帯・夫婦と未婚の子のみの世帯・ひとり親と未婚の子のみの世帯は核家族世帯）

図3.5　世帯構造別にみた世帯数の構成割合の年次推移
（出典）厚生労働省大臣官房統計情報部, 2014『グラフでみる世帯の状況』(国民生活基礎調査(平成25年)の結果から): 6.をもとに作成
(http://www.mhlw.go.jp/toukei/list/dl/20-21-h25.pdf, 2016.2.14)

3.2　家族形成をめぐる自由と疎外

▶ 家族への自由／疎外，家族からの自由／疎外：

	家族を望む	
家族を形成しない	Ⅱ. 家族からの疎外	Ⅰ. 家族への自由	家族を形成する
	Ⅲ. 家族からの自由	Ⅳ. 家族への疎外
	家族を望まない	

> 第Ⅰ象限「家族への自由」：家族を望み，実際に家族を形成できる
>   例）結婚したいと希望し，実際に結婚できた
>
> 第Ⅱ象限「家族からの疎外」：家族を望むが，家族を形成できない
>   例）結婚したいと希望するが，結婚できない
>
> 第Ⅲ象限：「家族からの自由」：家族を望まず，家族を形成せずに生活できる
>   例）結婚しなくても生活できる，結婚したくない
>
> 第Ⅳ象限：「家族への疎外」：家族を望まないが，実際は家族を形成する
>   例）結婚を強要される，生活のために結婚せざるをえない

図3.6　家族形成をめぐるマトリクス(4象限)

　第Ⅰ象限「家族への自由＝家族を望む層」と，第Ⅳ象限「家族への疎外＝家族を望まない層」は同じように家族を形成しているが，個々人が生きている現実はまったく異なる。第Ⅲ象限「家族からの自由＝家族を形成しない層」と，第Ⅱ象限「家族からの疎外＝家族を形成できない層」も同様である。一見，同じような現象に見えても実態はまったく異なる。

　どのような人びとが自由を，どのような人びとが疎外を経験しているのか。その背後にはどのような社会階層や格差，ジェンダーや性差の構造があるのか。

恋愛する／しない，家族を形成する／しないなど，同じライフスタイルに見える人びとも，それぞれの背景は異なる。

▶ 実態に対処できない諸制度：多様化するライフスタイルとのずれ

　戦後家族モデルを想定した日本の諸制度（労働・福祉・教育・医療など）は，多様化したライフスタイルのもとで進行する未婚化に追いつかず，対処できていない。

　未婚率の上昇に伴い少子化も進んでいる。少子化の理由は一概に説明できないが，一般的に，女性が雇用労働に従事すると出生率は一時的に低下する傾向にある。

　しかし，日本のように少子化が進行し続ける国と，少子化せずに出生率を保つ国がある。家族社会学者の筒井淳也は，後者の対処のしかたを次のように指摘する。

【少子化を克服した家族戦略】
　女性の労働力参加が出生率へ与える負の影響は，アメリカやスウェーデンといった少子化を克服した国においては，ある時点から中和されるようになった。おそらく，スウェーデンでは，長期的には公的両立支援制度の影響，アメリカでは民間企業主導の柔軟な働き方の影響で，女性が賃労働と子育てを両立しやすくなったからだと思われる。その後，女性の労働力参加と出生率との関係はいよいよ反転し，女性が働くことは出生率に正の効果を持つようになる。これは不況あるいは経済成長の鈍化のなかで若年者の雇用が不安定化し，それへの対応として男女がカップルを形成し，共働きによって生計を維持するというケースが増えたからである。個々の雇用が不安定化しても，二人いれば家族としてやっていける，という考え方だ。こうして共働きが合理的戦略となり，さらに仕事と子育てを両立しやすい環境が整っていれば，女性が働くことは出生率に正の効果を持つ。
（筒井淳也，2015『仕事と家族』中公新書：69.）

　現代日本では，雇用が不安定になると，特に男性は結婚を躊躇する傾向がある。他方で雇用が不安定だからこそ，結婚して共働きを選ぶ方が生活しやすいと考える人びともいる。同じ状況におかれても，対処のしかたは人や文化によって異なる。

結婚や家族の実態と諸制度の乖離を，どう埋めることができるか。
戦後家族モデルがいまも推奨され，
税や社会保障において優遇される現状をどう改めるべきか。

本章のまとめ

戦後家族モデルは，もはや標準的とはいえない。
しかし制度や人びとの家族イメージはこのモデルに縛られることが多い。
恋愛や家族をめぐる，さまざまな価値観や制度は，
社会や文化によって形づくられ，時代や地域によって異なり，変化する。

Book Guide ブックガイド

📖 『「家族」難民——生涯未婚率25％の衝撃』
山田昌弘, 朝日新聞出版, 2014

★変化する結婚と家族の危機がよく理解できます。未婚率が急上昇している現状を，データにもとづいて非常にわかりやすく説明するとともに，この社会で私たちはどうすればよいのか，実践的な提案もなされています。

📖 『「婚活」時代』
山田昌弘・白河桃子, ディスカヴァー携書, 2008

★いまや誰もが知る「婚活」という言葉が初めて使われ，この本をきっかけに一気に普及しました。

📖 『結婚と家族のこれから——共働き社会の限界』
筒井淳也, 光文社新書, 2016

結婚と家族のゆくえを見通す基本書．わかりやすくまとめられており，おすすめします。筒井淳也『仕事と家族——日本はなぜ働きづらく，産みにくいのか』中公新書（2015）も，日本の少子化・未婚化の背景や女性の働きにくさについて，データにもとづいて説明しています。

📖 『「家」を読む』
米村千代, 弘文堂, 2014

★家制度についてしっかり学びたい人におすすめします。

📖 『日本恋愛思想史——記紀万葉から現代まで』
小谷野敦, 中公新書, 2012

★日本人はどのような恋愛をしてきたのかがよくわかります。知識の量は豊富ですが，ユーモアあふれる軽やかな文体で，面白く読み進めます。小谷野敦『もてない男』ちくま新書（1999）もおすすめです。

Column ……………………… **ナカムラ・コラム** ……………………… ③

皆婚時代の不快，婚活時代の不安

　私の祖母は，親族のすすめるままにほとんど会ったこともない相手とお見合いで結婚したといいます。しかし結婚して間もなく，戦争で夫を亡くしました。そして戦争が終わると，祖母は親族のすすめで亡くなった夫の弟と再婚し，子どもを全部で4人産み育てました。祖母が亡くなったのは2004年です。

　子どもの頃から私はそのことをよく知ってはいましたが，特別に何かを感じたことはありません。しかし時がたち，恋愛や結婚について講義をするようになったある時，祖母の一生をひとりの女性の人生としてとらえた瞬間，はっとしました。突然，なんという人生なのだろうと驚いたのです。夫を戦争で亡くすだけでも大変な経験です。そして，結婚相手は常に周囲が決めています。

　なにげなく聞いていた祖母の人生には，私の世代では起こりえないことや，少なくとも私にとっては受け入れ難いことがたくさんあります。それでも祖母は，それらをごく当たり前に受け入れ，悠々と暮らしているように見えました。

　そう遠くない昔に，私たちの身近な女性たちは，私たちとはずいぶん異なる生き方をして——あるいは，強いられていました。

　婚活しないと結婚できない。現代では結婚願望をもつ女性たちは（そして男性も）「自分は結婚できるのだろうか」という不安でいっぱいでしょう。人によっては，結婚できないかもしれないことに恐怖すら感じているようです。

　しかし，身近な人たち誰もが結婚していた皆婚時代の女性は（そして男性も），決して好きな相手と結婚できたわけではないでしょう。夫と対等な関係性を持てず，夫に従うだけの人生もあったでしょう。皆婚時代の女性の多くが，結婚生活の「不快」を受け入れざるをえなかったであろうことは，容易に想像がつきます。

　皆婚時代の「不快」から婚活時代の「不安」へ。

　時代とともに，人びとや女性たちの結婚をめぐる困難や幸せの感じ方は，変わっていきます。

The Sociology Drill Book
第4章
ジェンダー

　私たちはみな,性別をめぐる規範(男女はこうあるべきという基準)に取り囲まれて暮らしています。性別は私たちの日常に深く根ざしており,男女間の過去の支配－従属関係や女性への差別が,今日まで受け継がれてきました。
　しかし,女性だけでなく,男性もまた男らしさの規範に縛られています。
　本章では,性別をめぐるさまざまな問題とともに,そこからの解放がどのように模索されてきたかを学びます。

≪ 本章のトピック ≫
1．ジェンダーを理解する
2．女性学と男性学
3．グローバル化する性別役割分業

1. ジェンダーを理解する

1.1 ジェンダーとは何か

▶ 性・性別とは：

社会には「属性主義」「能力主義」の2つの原理がある(第1章)。

属性主義(生まれを重視する考え方。男／女は〜である)と，能力主義(能力を重視する考え方。人は〜できる)のはざまで，個人がさまざまに経験するのが「性別」である。

社会学では性・性別を表す3つの言葉を用いる。
それぞれの意味を理解すると，
性について考える出発点に立つことができる。

▶ 〈男〉と〈女〉を理解する3つの言葉：

① a.

男性か女性か，という性別の二分法にもとづき，社会・文化的に決められる男女の行動・習慣・意識一般を指す。

「ジェンダーとは『性差に関する知』であり，それと結びついた性役割の規範であり，その規範を構成要素とする社会的な諸制度であり，それらの作用のただ中で生きる人びとの自己意識である」[1]

② b.

オス・メスなど生物学的な性を指す。

③ c.

さまざまな「性」をめぐる性質や行動を総称する概念。

異性への感情や，性的魅力などが含まれる。ジェンダーと同様に生理的な現象ではなく，心理・社会的な現象であり，文化によって学習される。

---

[1] 日本社会学会社会学事典刊行委員会編，2010『社会学事典』丸善出版：409.

第4章 ジェンダー

▶「性同一性障害」(gender identity disorder)：

身体的な性別と精神的な性別が食い違い，それに苦痛を感じる状態を指す。生物学的な性（セックス）と文化的な性（ジェンダー）が異なることで生まれる苦しみとされる。

しかし，現代社会がいかに性別による規範を人びとに押しつけているかが，「性同一性障害」という名称そのものに現れていることを，社会学者の好井裕明は次のように述べる。

> 【「男」でも「女」でもない，私】
> 性同一性障害という概念の底に執拗に息づいているのは男性であれば一貫して男性らしく，女性であれば一貫して女性らしく，そのうえで異性愛こそが絶対的な価値であるという異性愛中心主義的な考え方なのである。そして性同一性障害で苦しむ当事者は，医療制度のなかで治療され，治療された身体は法制度のなかで，正当な性別が承認された存在として，多くの私たちの仲間入りができるようになるのである。このような概念が世の中で支配的になるに従い，多くの私たちは，身体と心のあいだで性をめぐる違和感を覚える当事者のことを，性的なマイノリティ [少数者] を生きる，私たちと同じ人格としてではなく，医学の世界の中での治療を必要とし，同情を喚起させる"病者"としてしか，理解できなくなるのである。
> （好井裕明，2010「セクシュアリティの多様性と差別・排除」『差別と排除の〔いま〕6 セクシュアリティの多様性と排除』明石書店：9.）

▶ ジェンダーを理解する3つの言葉[2]：

① d.

「～である」「～している」と語られる男女の違いを指す。本能や特性よりも，社会・文化的に決められてきた性質などの違い。例）男は勇敢である。女には母性愛が備わっている。

② e.

「～がよい」と語られる男女の役割を指す。社会化によって習得され，男女別に期待される価値観，知識，行動様式など。例）「男は仕事，女は家庭」「男は管理職，女は補助職」。

③ f.

労働における男女別の役割分業を指す。「男は仕事，女は家庭」というステレオタイプ（固定観念）が生まれた。近代家族の特徴の一つであり，戦後家族モデルの夫婦の役割セットとなった。

---

[2] 加藤秀一，1998『性現象論』勁草書房：26, 28-29を参照した．

▶ ジェンダー規範(gender norm)：

「〜すべきである」と語られる男女のあり方。「男らしさ／女らしさ」の規範を生み，社会化によって個人の内面に取り込まれ，固定観念となる。

例）男は人前で泣いてはいけない。女はしとやかであるべきだ

**「男は勇敢だから，外で働くべきだ」
「女には母性愛があるから，育児をするべきだ」と，
性差と役割が結びついて語られ，
「男らしさ／女らしさ」の規範が形成される。**

1.2 学習される「男らしさ／女らしさ」

▶「男らしさ／女らしさ」が学習される過程：

g.

個人が受ける教育過程を指す。人はさまざまな他者と相互にやりとりして，価値観，知識，行動様式などを習得し，成長する。他者の役割と態度を取り込むことで社会的存在となる。

h.

学校で暗黙のうちに伝達される価値観を指す。学校での生活環境や文化，教師の言動，仲間集団の行動などを通して潜在的に習得される。たとえば，教師が男子と女子を区別して指導することで，女子の進路の幅が狭まるなど。

**私はなぜ，現在の学部・専攻を選択したのだろう？
職業を選択する際に，私の性別はどう関わるのだろう？**

▶ 雇用における性差別：

i.

組織内で女性やマイノリティの昇進を妨げる「みえない障壁」を指す。女性やマイノリティ（少数者）が性別や人種などを理由に，実績や資質に見合う高い地位に就けない現状は今なお根強い。

j.

　最も危険な職業に男性たちを就かせる，見えない障壁を指す。「男性は入れない安全な地下室」を暗示する比喩。「全ての男性に共通してある傷は，彼らの使い捨てという心理的傷だ。兵士として，働く者として，父親としての使い捨て。彼らが他の誰かを助けて生かすために殺して死ぬことで，愛されると信じているという心の傷だ」[3]

**性をめぐる規範(男／女は〜すべき)は，
私たちが普通に暮らすなかで暗黙のうちに学習される。
性をめぐる差別意識(男／女は〜すべきでない)も学習される。
私たちはみな「どこかで誰かを差別してしまう可能性」[4]をもつ。**

1.3 セクシュアリティを理解する

▶ セクシュアリティによる差別：

k.

　同性愛嫌悪を指す。同性愛に対する極度の恐怖や嫌悪。からかい，無関心，憎悪，暴行，殺害などまで及ぶ。

l.

　女嫌いを指す。女であることに対する嫌悪や憎悪のことをいう。男性優位の社会ではこうした傾向が必然的に生じるため，男性による女性嫌悪だけでなく，女性が自らの女性性を嫌悪するねじれも生じる。

▶ 新しいセクシュアリティ観：

m.

　レズビアン，ゲイ，バイセクシュアル，トランスジェンダーの頭文字をとり，性的少数者を指す。なお，彼らの支援者・味方を「アライ(ally)」という。しかし，LGBTは個人の多様な性を総称できないため，近年は新しい呼び方が使われる。

---

[3] Farrell, W., [1993]1994=2014『男性権力の神話』作品社：381.
[4] 好井裕明, 2015『差別の現在』平凡社新書：65.

n.

"sexual orientation"は「性的指向」，"gender identity"は「性自認」を指す。すべての人に「SOGI」があるため，性的マイノリティとマジョリティ（多数者）を分離せずにすむ。

o.

多様性を指す。「障害を持つ人々を含めて，人々の多様性を肯定的に考える思想が土台」[5]にある。多様性を肯定的にとらえることには，性別や年齢や国籍だけでなく，異なる物事の見方や感じ方を持つ多様な人びとの視点を肯定的にとらえようとする姿勢が含まれる。さまざまな個性を持つ人びとに社会的機会を平等に開いて，自らを生かす可能性を広げられるような社会制度が求められている。

山口一男の『ダイバーシティ』のなかでは，ダイバーシティの思想を表現している詩として，金子みすゞ[6]の「私と小鳥と鈴と」が紹介されている。

「私と小鳥と鈴と」

私が両手をひろげても，お空はちつとも飛べないが，
飛べる小鳥は私のやうに，地面(ぢべた)を速(はや)くは走れない。

私がからだをゆすつても，きれいな音は出ないけど，
あの鳴る鈴は私のやうに，たくさんな唄は知らないよ。

鈴と，小鳥と，それから私，みんなちがつて，みんないい。

（金子みすゞ，1984『さみしい王女』JULA出版局：145.）

「男らしさ／女らしさ」をめぐる規範は，
私たちの行動や選択肢を制限してきた。
現代社会ではそれが変わりつつある。
私たちはいま，ジェンダーをめぐる大きな変化の時代を生きている。

---

[5] 山口一男，2008『ダイバーシティ』東洋経済新報社：99.
[6] 金子みすゞ，1903〜1930，日本の詩人．詩集に『美しい町』『空のかあさま』など．

2. 女性学と男性学

2.1 女性学とは何か

▶ **女性学（women's studies）とは**：

【女性学とは何か】
　私はウィメンズ・スタディーズを「女性学」と訳し、「女性の、女性による、女性のための学問」と定義しました。…実は日常生活の一つひとつの出来事とつながっています。それらを自分なりに対象化してみる。それが女性学だと思います。だから、自分の生き方を問われる面もあって、その意味で、難しく、怖いとも言えますが。
（松井久子編, 2014「第5章 井上輝子」『何を恐れる』岩波書店: 76-77.）

▶ **p.** ：

　1960年代後半に巻き起こった、世界的な女性解放運動を指す。日本でも1970年代に女性たちの共感を集め、田中美津[7]らを中心として独自の運動を展開した。
　女性差別は法律や制度だけではなく、家庭、職場、学校など私たちの日常生活のいたるところにしみついている。男性主導の性や恋愛にも踏み込み、女性の解放を広めた。

▶ **q.** ：

　性にもとづく差別や搾取や抑圧をなくす運動を指す。
　「この定義が明確に示しているのは、問題は性差別だということである。そしてそのことが思い出させるのは、わたしたちはみな、女であれ男であれ、生まれてからずっと性差別的な考えや行動を受け入れるよう社会化されている、ということだ」[8]

▶ **田中美津の r.** ：

　ウーマンリブの中心的存在[9]と見なされていた田中美津は、矛盾するいくつもの本音に引き裂かれ、痛みを感じつつ生きることを肯定して「とり乱し」と名づけた。

---

[7] 田中美津, 1943 ～, 日本のウーマンリブ思想・運動家・鍼灸師. 著書に『いのちの女たちへ』『かけがえのない, 大したことのない私』など.
[8] Hooks, 2000=2003『フェミニズムはみんなのもの』新水社: 8. B. Hooks, 1952 ～, アメリカの社会活動家. 著書に『フェミニズムはみんなのもの』『オール・アバウト・ラブ』など.
[9] 「思想的リーダーという感じだったのですか」というインタビューに対して、田中美津は次のように答えている.「まさか！たくさんの女たちが書いた膨大なビラがいまでも残ってて、見ることも可能よ. 自分がミーハーであることを誰よりも知ってる私のような人間にリーダーは無理よ. ただ私の言葉に力があったことは確か. なんせ長いあいだ孤独だったからね. 孤独って、自分でもそうと気づかずにいろいろ思索している時間だから、その時間の分だけ言葉に力が宿るのよ」（松井久子編, 2014「第1章 田中美津」『何を恐れる』岩波書店: 14.）

> **【とり乱しの思想】**
> 　リブを運動化していて間もない頃，それまであぐらをかいていたくせに，好きな男が入ってくる気配を察して，それを正座に変えてしまったことがあった。…男から，女らしいと想われたいあたしがまぎれもなくいたのだ。
> 　…体制の価値観に媚びたい己れと，そうはしたくない己れの，そのふたつの己れ，その矛盾の中で，あたしたちはこの生身を弁証法的に発展させていくことが可能なのだ。ふたつの相反する本音が互いに己れを主張すれば，この身がとり乱すは必然であるが，しかし，とり乱しの中にこそ，あたしたちの明日が豊かに胚まれていく。
> 　（田中美津，[1972] 2010『新装改訂版　いのちの女たちへ』パンドラ・現代書館：69, 255.）
>
> **【男奴隷は労働力商品に，女奴隷は生殖商品に】**
> 　おじいさんは山へ柴刈りに，おばあさんは川へ洗濯に，という男女の固定化された分業こそ，性差別を生み育ててきたその元凶だが…山というのは社会，川というのは家。…男奴隷は労働力商品として，女奴隷は生殖商品として，それぞれ効率よく使い切るために，男と女の存在証明のあり方のその違いが生み出されてきたのだ。〈男らしさ〉〈女らしさ〉は，それぞれの本分であり〈自然〉なのだなどという人がいるけど，冗談じゃない，生ま身の人間である限り，川へ行きたい気持，山へ行きたい気持の両方があってこそ〈自然〉なのだ。山へ行かねばならない男は，女の一歩前を歩かねばならず，川へ行かねばならない女は，男の一歩後を歩かねばならない。…〈りっぱな男〉にならねばならない男は，絶えず面子に脅かされ，〈バカな女〉にならねばならない女は，絶えざる存在の喪失感に脅かされる。
> 　（田中美津，[1972] 2010『新装改訂版　いのちの女たちへ』パンドラ・現代書館：74.）
>
> **【私たちが迎合しなければ，権力は無力である】**
> 　「男は山へ芝刈りに，女は川へ洗濯に行かねばならない」という社会的強制，それをジェンダーといいますが，でもそういう外側からの抑圧だけが問題なのではない。あまりにも長きにわたってそういった強制を受けてきたために，私たちは自ら〈山へ，川へ行ってしまう〉人間になってしまっている。それこそが真の問題で。だって権力がなにか押し付けてきても，私たちがそれに迎合し，そのものの見方・考え方を内在化しない限り，権力なんて無力なんだから。
> 　（田中美津インタビュー Kotoh & Co. http://www.mammo.tv/interview/archives/no232.html, 2016.2.14）

2.2　男性学とは何か

▶ 男性学（men's studies）とは：

　アメリカでは1970年代半ば，日本では1980年代半ばに男性学（men's studies）の成果が現れはじめた。90年代半ば以降には，男性学は社会的に認知されるようになった。「男性学は，女性学ないしフェミニズムのインパクトを経験した男性たちのリアクションとして誕生した学問分野である。…男性を無性的な存在としてではなく，『ジェンダー化された存在』としてとらえようとするところに，男性学の特徴がある」[10]

---

[10] 多賀太，2006『男らしさの社会学』世界思想社：2-3.

第4章　ジェンダー

▶ 男性にも s._____として働くジェンダー：

例）家族の扶養責任による働きすぎ，弱みを見せられない，競争に負けられない，リーダーや責任者を要求される，賦役や兵役を課せられるなど。

▶ t._____：

哲学者の森岡正博は，20代の頃「自分の力によって女をよろこばせ，幸せにさせるような男になろうとした。それが『男らしさ』だと思ったからである」[11]という。森岡正博は次のように述べている。

> 【男性であることの痛み】
> 　リブが言っていたのは，男が女を支配するなかで，女の側がつねに自分が悪いんだと思わされていく面も当然あって，そこから解放しなきゃいけない。…でも，実は，支配している男性の側も構造によって声を奪われている面がある。…男としての自分が恋愛や性愛，セクシャリティの面でズタズタに傷ついているにもかかわらず，何も痛みはない，自分は無傷の加害者である，というふうに自分を欺き続けていた。そういう形で社会構造の中に自分を適応させてきた。そのことに気づくのに，とても長い時間がかかったんです。
> （フリーターズフリー編，2010『フェミニズムは誰のもの？』人文書院：157.）

**男性であることの痛みから導かれたのが，森岡の「無痛文明論」である。
男らしさの痛みを突き抜けた先に，光り輝く自己を発見したという。**

> 【特別な存在，暴力，そして，自分が光り輝くこと】
> 　私は権威を得ようとした。学問の世界における権威。…それを念頭に置きながら論文を大量に生産した。自分が権威への道を進んでいるということを確認することで，自分に「力」があることを確認し，それによって自分が特別な存在であるという確証を得ようとしたのだった。…深層アイデンティティは，他人からの評価や比較にこだわるということを書いたが，私の場合もまさにそうであった。…こうなってから，私の生は苦昔しくなった。私は，自分に「力」があるということを，人間関係において，社会活動において，メディアのなかにおいて確認し続けることに追われるようになる。…そんな苦しさがつのってきたときに，私は理不尽な権力行使に走った。ときには，暴力と思われるほどの行為を，他者に向かって投げつける。…自分が手にした権力に居直って，とくに必要のない権力行使をするとき，私はみずからのかかえている矛盾から発する苦しみやつらさを，ほんのひととき忘れることができたのだった。差別や暴力の根源のひとつは，たしかにここにある。…もっとも生き生きとした自分とは，自分がこの宇宙のなかで自分として存在していることそれ自体のなかから，光や，よろこびや，うれしさが湧き上がってくるときの自分である。…他人との比較において自分が光り輝くのではなく，他人とは無関係に自分が自分自身において光り輝くのである。
> （森岡正博，2003『無痛文明論』トランスビュー：177-181.）

---

[11] 森岡正博，[2005]2013『決定版 感じない男』ちくま文庫：179.

2.3 女性学／男性学を超えて

▶ ジェンダー論がめざす地平：

　女と男は同じではない。また，女のなかにも男のなかにも多様性がある。そして，近年は，さまざまなセクシュアリティを持つ人びとが自ら声を上げはじめている。

　ジェンダー論は，もはや女性の解放を求める学問ではない。社会活動家のフックスは，「思い描くのは，支配というものがない世界に生きること」と述べた。

> 【支配のない世界，思いやりの精神】
> 　思い描くのは，支配というものがない世界に生きること。女と男とは同じではないし，いつでもどこでも平等というわけではなくても，交わりの基本は互いに相手を思いやることだという精神がすみずみまで行き渡った世界に生きることだ。………
> 　ただ現実には，そうした獲得物が，貧しい女性や労働者階級の女性の運命を変えることはほとんどなかった。しかも，特権階級の男性は家庭で家事を平等に分担することはなかったから，白人であれ黒人であれ，特権階級女性が自由を手にするためには，労働者階級女性や貧しい女性がひきつづき従属的な地位にいることが必要だった。
> (Hooks, 2000=2003『フェミニズムはみんなのもの』新水社: 11, 80.)

　しかし，労働者階級で育った黒人女性のフックスが指摘するように，白人女性が女性の人権を主張するかたわらで，女性の間の権力関係，出身階級や人種差別の問題は見過ごされてきた。たしかに，一部の特権階級の女性は経済的に成功している。そしてそれは，すべての女性にとってすばらしい出来事であるかのように私たちは思い込まされてきた。だが，フックスは指摘する。グローバル化する性別役割分業は，女性間の搾取・収奪についての世界の動向の一部であると。

3. グローバル化する性別役割分業

3.1 先進国と途上国の関係

　日本国内では，男女格差や経済格差が目立つ。しかし，世界に視野を広げると，発展途上国の女性は，先進諸国から，さらに男性から，二重に搾り取られる問題がある。前者は，国境を超えた資本の運動に伴う搾取であり，後者はジェンダー構造による収奪[12]である。

---

[12] 搾取と収奪の違いは，次のような意味合いで用いた．「収奪という場合は相手の所有するものを取り上げることであって，単なる剰余労働の搾取をいうわけではない」（宇野弘蔵，[1964]2016『経済原論』岩波文庫: 84-85.)

第4章　ジェンダー

3.2　途上国の女性たちの出稼ぎ労働

▶ u. _____ は誰が担うのか：

　資本主義社会では，人が生きていく上で必要な家事・育児・ケア労働などの実体労働よりも，利潤を生む経済活動が優先される（第2章　格差と貧困）。今後グローバル経済のもとで，先進諸国の家事・育児・ケア（介護等）労働は誰が担うのか。

　現在，途上国の女性たちは単身で先進諸国に出稼ぎに行き，家族に仕送りをするために働いている。

▶ v. _____ ：

　FDWとは，母国の失業率が高く働く場がないため，職と高収入を求めて先進諸国に出稼ぎに行き，家事労働を担う女性たちを指す。

　女性たちはときに雇主の厳しい管理を受けながら，低賃金で働く。契約期間中にFDWが犯罪を犯し国外に逃亡できないように，雇主がFDWのパスポートを保管したり，休日を与えない，電話使用を認めないこともある[13]。

　しかし，彼女たちは搾取されるだけの存在ではない。女性の経済的自立の手段として，この仕事を志望し続ける人もいる。

【自分の家を建てるお金を貯める！】

　自国の高失業率と低賃金という停滞する経済のなかで，シンガポールでFDWとして働けば，フィリピンの大卒女性で自国の2～3倍，インドネシアの中卒女性では，7～10倍の給与を稼ぎ出すことができる。兄弟の学費の援助や家族の経済的援助が望まれている状況では，FDWになることは，限られた選択肢のなかで彼女たちが選択する1つの生活様式になっている。…

　「4年も働いたのだから，親もフィアンセも早く帰ってきてほしいというのです。でも，私はもう2年，この家で働かせてもらって，自分の家を建てるお金を貯めようと考えています。この家は大きいけれど，国でこの半分くらいの大きさの家なら私にも買えるかもしれない。フィアンセの義親と一緒に住むなんて，良いことなど一つもない」（シンガポールでのFDW歴4年半の23歳インドネシア女性）。

　（上野加代子，2007「シンガポールにおける外国人家事労働者」『アジアの家族とジェンダー』勁草書房：276-277.）

---

[13] 上野加代子，2007「シンガポールにおける外国人家事労働者」『アジアの家族とジェンダー』勁草書房：273-274.

現在,性別役割分業はグローバル化している。先進国の女性が働くために,途上国の女性が家事・育児・ケア労働を担う現状がある。低賃金の移民女性労働にこれらを委ねることをどう考えるべきか。

本章のまとめ

「男らしさ／女らしさ」は社会や文化によって形づくられる。
性別や人種にかかわらず,個人の多様性を認めること,
性別を含むさまざまな違いと個性を持つ人が,
誰からも差別されたり,不利益を受けずに生きていけること。
これが社会学やジェンダー論が求める世界である。

Book Guide ブックガイド ④

■『新装改訂版 いのちの女たちへ──とり乱しウーマン・リブ論』
田中美津, パンドラ・現代書館, 2010 [1972]
★ウーマンリブの原点となった書。「女」「男」という枠の中で汲々として生きる私たち,弱くみっともない私たちに,生きる指針を与えてくれます。私は本書の「とり乱し」の思想に出会って初めて,それまでの自分の葛藤を整理することができ,まさに目から鱗の経験でした。

■『にじ色の本棚──LGBTブックガイド』
原ミナ汰・土肥いつき編, 三一書房. 2016
★「多様な性」を生きる46名の執筆者がそれぞれおすすめの本を紹介します。原ミナ汰さんの素晴らしい講演の後に,学生向けに本を一冊紹介して下さいと私が直接質問して教えていただきました。その先に続く何十冊もの本,たくさんの人が実際に生きてきた人生に,つながっていく一冊です。

■『フェミニズムはみんなのもの──情熱の政治学』
Hooks, B., 2000, *Feminism is for Everybody: Passionate Politics*, South End Press. フックス, 堀田碧訳, 新水社, 2003
★フェミニズムはどのような運動・思想なのかが網羅的に学べます。女性運動が持つ問題点が鋭く指摘されつつも,フックスの語り口はどこまでも穏やかです。

📖 『何を恐れる――フェミニズムを生きた女たち』
松井久子編, 岩波書店, 2014

★12名の女性たちへのインタビュー集。ぜひ通読してみて下さい。かつての女性差別のひどさに驚きます。そのなかで女性たちがどのように格闘し，個性的に生きてきたのかが切実に伝わってきます。

📖 『モテる構造――男と女の社会学』
山田昌弘, ちくま新書, 2016

★さまざまなデータから男女それぞれの生きづらさが述べられています。男女の「モテ」の違いに興味をそそられて読み進むなかで，ジェンダー論についての知識もしっかり身につきます。

📖 『無痛文明論』
森岡正博, トランスビュー, 2003

★現代社会システムの生きづらさが，平易な言葉で考察されています。大著ではありますが，初学者にもおすすめできます。

《おすすめの映像作品》

『30年のシスターフッド――70年代ウーマンリブの女たち』
山上千恵子・瀬山紀子制作, 女たちの歴史プロジェクト, 2004

★70年代の女性たちが置かれていた社会状況，そして，そうした社会を変革しようとした女性たちの活き活きとした姿をとらえた作品です。かつて女性たちがいかに結婚制度のなかに閉じ込められていたかが伝わってきます。ウーマンリブを経験していない私の世代，そしていまの大学生の世代へ，受け継いでいくべき作品です。

『MILK』
ガス・ヴァン・サント監督, ショーン・ペン出演, [2008] 2009

★ハーヴィー・ミルクの生涯を描いた映画。ミルクは1970年代のアメリカで，自ら同性愛者であることを公表してアメリカ初の公職に就きました。同性愛の人びとがどれほど差別を受け，生きづらい社会をくぐり抜けてきたかが，大変よくわかる作品です。

Column ―――― **ナカムラ・コラム** ――――

香港で出会った女性たち

　2010年，私は香港大学に客員研究員として派遣され，1年間香港に住みました。海外旅行もろくにしたことのない私がさまざまな経緯で，当時2歳の息子を連れて母子で海外暮らしをすることになってしまいました。それでも何とかなるもので，1ヵ月ほどですっかり香港暮らしになじんでいました。

　そんな香港で，私は3つのタイプの女性たちと日々関わっていましたが，彼女たちは，それぞれまったく異なる世界を生きていました。

　平日の毎朝，必ず会うのは日本人女性で，企業駐在員（日本人男性）の妻たちです。私が借りた

マンションには日本人の駐在員もたくさん住んでいて，毎朝8時半には幼稚園のバスがマンションの敷地内に子どもたちを迎えにくるので，バス停で母親同士数人で短い時間おしゃべりをします。このメンバーで子どもを連れて大勢で食事に行ったり，誰かの家に集まることもたびたびでした。彼女たちのお陰で，私は日本にいる時よりもはるかに賑やかに暮らしました。
　駐在員の妻は原則的に仕事をしてはいけないようで，誰も仕事はしていませんでした。夜遅くまで街に人があふれるエネルギッシュな香港暮らしを満喫する人もいれば，早く日本に帰りたいとうつうつしている人など，それぞれでした。
　次の女性たちは大学の先生で，イギリス人，香港人，アメリカ人の女性たちでした。3人の子どもたちをベビーシッターに預けて働く教授，独身主義で何人もボーイフレンドがいると噂の教授もいました。私の赴任先の香港大学は，日本の東京大学にあたる名門校です。そんな大学なのに，高い教授の地位に就いている中年世代の女性が，素足にカジュアルなミニのワンピースで，明るいピンクのナイロンのリュックを肩にひょいとかけて校内のエレベーターに乗っていたりもします。開放的で自由な雰囲気は私には新鮮でした。
　ある時，大学教員の女性に日本の専業主婦はアイデンティティをどうしているのか，と聞かれました。まず質問の前提として，香港では専業主婦の地位が非常に低いということがあります。だから，日本人の専業主婦は自分の地位の低さにどう対処しているのか，そういう意味の質問で，それは嫌みも他意もない，素直でストレートな質問でした。私は，日本では専業主婦の地位が特に低く見なされてはいないし，若い女性の多くが今でも専業主婦になりたがっている，そんな程度の答えしか返せませんでしたが，その質問のストレートさはある意味，衝撃的でした。そこにはなぜ，香港の女性たちが育児をしながらフルタイムで仕事を続けられるのかという現実への懐疑がなかったからです。
　家族を持ちながらも働く女性の代わりに，家事や育児を担っていたのは，フィリピンやインドネシアから出稼ぎに来ている女性たちで，彼女たちのことを日本人は「アマさん」と呼んでいました。アマさんの多くは住み込みで働いており，子どもの世話や家事をすべて担っています。そのため，香港に住む白人女性や香港の女性たちは，子どもがいてもフルタイムで働けるというわけです。
　日曜日はアマさんたちは休日で家の外で時間を過ごすので，街中いたるところにアマさんたちの小集団が現れます。彼女たちは道端に集まっておしゃべりをしたり，公園で大勢で歌を歌いながらランチパーティを楽しんだりしていました。
　ある日私はマンションのエレベーターの中で，突然，女の人に電話番号と名前が書いてある小さなメモを手渡されました。話を聞くと，同じマンションの香港人家庭で住み込みで働いているインドネシアの女性で，日曜日は休みなので仕事があれば働きたいから，いつでも連絡してほしいとのことです。
　そんな経緯で，私は時々，日曜日の午前中にその女性にお手伝いに来てもらうことにしました。私たち2人で一気に掃除をし，掃除が終わると息子と3人でお昼ご飯を食べながら，彼女の話をいろいろと聞かせてもらいました。
　彼女は香港で仕事をして，インドネシアの家族に仕送りをしており，子どもは母国で両親が育てているとのことです。ひどいボス（雇主のこと）もいるが，いまの香港人のボスは優しいと話していました。「日本人はみな優しい」と言ってくれたことが印象に残っています。
　私は偶然住んだ香港で，グローバル化する性別役割分業の一端を，この目で見てきました。資本主義社会のなかでは，人が生きていく上で必要な家事や育児などの実体労働よりも，利潤を生む経済活動が優先されます。そんな社会で，3つのタイプの女性たちはさまざまな思いや困難を抱えながら，異なる人生を歩んでいました。

The Sociology Drill Book
第5章
関係性と暴力

パートナー間での暴力（DV＝ドメスティック・バイオレンス），ハラスメント（いやがらせ），いじめなどは，人と人との関係性のなかで生じる暴力であり，その背後には，力関係を生む社会環境があります。

"強者"から"弱者"へ暴力が起こりやすく，家庭・学校・職場の密室で人知れず暴力を受ける人がいる一方で，暴力を振るわずにいられない人，巻き込まれないように沈黙する人もいます。

暴力を個人の責任だけではなく，社会の問題としても考えると同時に，暴力を受ける側のサポートと振るう側の理解と対処の方法も学びます。

≪ **本章のトピック** ≫
1. DVを理解する
2. ハラスメントを理解する
3. なぜ暴力に頼るのか
4. 暴力に対処する

1. DVを理解する

1.1 親密な関係性と暴力

▶ 暴力の行為者(actor):

暴力を振るう側を「加害者」,暴力を受ける側を「被害者」と呼ぶ。
家族や仲間内で生じる暴力では,加害者と被害者が親密な関係にある。

▶ 暴力は誰に向かうのか:

a.

　経済力・攻撃力にまさる強者(男性や親)は,身近な弱者(女性や子)に暴力を振るいやすいが,こうした暴力行為は珍しくはない。かつてそれらは,「夫婦げんか」や「しつけ」の名のもとに,正当化されていた。
　しかし,親密な関係性のなかの暴力には,その逆もある。扶養・世話をする責任感から,弱者(経済力のない妻や子)からの暴力を受け続ける強者(夫や親)もいる。

▶ 親密な関係の暴力の種類:

ドメスティック・バイオレンス(DV)	:配偶者間暴力
デートDV・ストーカー	:若いカップル間の暴力・つきまとい・脅迫
児童虐待	:親から乳幼児・児童への虐待
家庭内暴力	:思春期の子から親への暴力,成人した子から老親への虐待など

▶ 暴力の「問題化」:

日本では2000年頃に暴力の防止法が整備された。

夫から妻へ	夫婦げんか	→ ドメスティック・バイオレンス	配偶者からの暴力の防止及び被害者の保護に関する法律	2001年
男性と女性	男女のいさかい	→ デートDV／ストーカー	ストーカー行為等の規制等に関する法律	2000年
親から子へ	しつけ	→ 児童虐待	児童虐待の防止等に関する法律	2000年

**女性や子どもを含む「個人の尊厳」の高まりに伴い，
関係性のなかで生じる暴力が「問題化」されてきた。**

1.2 DVとは何か

▶ **ドメスティック・バイオレンス(domestic violence, DV)とは：**

b.

DVは，おもに配偶者間や若いカップルの間の暴力や性の強要を指す。

> **【暴力によるコントロール】**
> DVは『親密な相手からの執拗なコントロール』とした方が近いかもしれません。相手を支配し思い通りにコントロールするために加害者がとる手段が暴力なのです。
> (レジリエンス，2005『傷ついたあなたへ』梨の木舎：10.)

▶ **日本のDV防止法：**

「配偶者からの暴力の防止及び被害者の保護等に関する法律」通称「DV防止法」	2001年4月成立10月施行	配偶者の暴力により生命や身体に重大な危害を受けるおそれがある際に，当該配偶者に，2週間住宅からの退去，6ヶ月間被害者への接近禁止の保護命令等を定める。
同法第一次改正	2004年5月改正2004年12月施行	暴力の定義の拡大（身体的暴力のほかに，精神的暴力・性的暴力を含む），保護命令の対象者の拡大（元配偶者を含む），被害者の子どもへの接近禁止命令の追加，退去命令の期間の拡大（2週間から2ヶ月間へ），被害者の自立支援促進を加える。

第二次(2007年)，第三次(2013年)改正も行われた。

▶ **暴力の形態：**

① 身体的暴力：殴る，蹴るなど
② 言葉の暴力：悪口を言う，欠点をあげつらうなど
③ 性的暴力　：性行為の強要，繰り返される浮気，避妊への非協力，中絶の強要など
④ 社会的暴力：社会的に孤立させる，社会活動を制限するなど
⑤ 物の破壊　：大事にしているものを壊す，捨てるなど
⑥ 経済的暴力：生活費を渡さない，仕事を妨害するなど

▶ 理解しておきたいDVの特徴8項目[1]：

① 加害者からの暴力は，繰り返される。
② 加害者が深く反省する態度を示しても，回復プログラムなどを長期間続けない限り，暴力が止まることは少ない。
③ 暴力が起きていないとき，加害者は思いやりのある態度を示すことも多い。
④ 加害者は，暴力行動を人生の中で学習した。暴力のない生き方を学習することも可能。
⑤ DV問題は暴力をふるった加害者がその責任を全面的に負わなければならない。被害者を責め，まわりが加害者に同調する限り，加害者は暴力行動を止める歩みを始めることができない。
⑥ DV問題の原因は，酒や薬物の使用，夫婦間の不仲ではなく，暴力で相手を自分の思い通りにしようとする加害者のコントロール欲求にある。
⑦ 被害者はひどい虐待を受けても，加害者を擁護することがある。
⑧ 被害者は被害を訴えた後に，訴えを取り消したり，後で否定することがある。

暴力の根底には，支配とコントロールへの欲求がある。
殺人や自殺にいたる事例もあり，未然の防止や対処が急務である。

1.3 DVの構造

▶ DVのサイクル：

図5.1　DVのサイクル

【DVは3つの時期がサイクルで繰り返される】
緊張が蓄積する時期：
　イライラが続き，緊張が高まる。
暴力の爆発期：
　暴力の勃発。ささいなことがきっかけになる。
ハネムーン期：
　暴力に対する反省，謝罪。この時期の加害者は優しく，時に，理想的なパートナーですらある。

---

1 森田ゆり, 2001『ドメスティック・バイオレンス』小学館: 246-247 をもとに，一部表現を改めた．

第5章　関係性と暴力

▶ 権力と支配を実現する暴力の形態：

【支配のさまざまな方法】
身体的支配：
　強制や脅迫・威嚇
心理的支配：
　精神的暴力・孤立させる・暴力の責任を相手に転嫁する
経済的支配：
　仕事をさせない・収入を知らせない・生活費を払わない
親としての問題：
　子どもを取り上げると脅す

図5.2　権力と支配の車輪
（出典）Pence, E. & M. Paymar, 1993=2004『暴力男性の教育プログラム』誠信書房：286.

【自信のなさと暴力の関係性】
　加害者は，たとえ社会的に高い地位についていたとしても内面の深い所では自分への自信がないので，優越性を感じる欲求を強くもっています。…この幻の優越感がおびやかされるとき，彼は暴力をもって誰が主人なのかを知らしめます。…相手が彼の欲求に従わなかったとき，彼は自分の権威と優越性が脅かされた不安を抱きます。…悲しいことに彼にとっては，自分の存在価値は内的な価値であるよりは，外的な権威なのです。
（森田ゆり，2007『ドメスティック・バイオレンス』小学館文庫：134-135.）

2. ハラスメントを理解する

2.1　ハラスメントとは何か

▶ ハラスメント(harassment)とは：

c.

　人格を否定したり，不利益や脅威を与えることを指す。

063

意図的ないやがらせ以外にも、加害者側に悪意はなかったにしろ、被害者側の不快が大きければそれはハラスメントとなる。

▶ ハラスメントの「問題化」：

男性と女性	双方の合意 →	セクシュアル・ハラスメント（セクハラ）	男女雇用機会均等法11条（セクシュアルハラスメント対策規定）	1985年
学校生徒	悪ふざけ・遊び →	いじめ	いじめ防止対策推進法	2013年
大学	指導・協力 →	アカデミック・ハラスメント	各大学の規定や評価基準	各大学

　日本のセクシュアル・ハラスメントは1990年代から、いじめは1980年代から、アカデミック・ハラスメントは2000年代に入って関心を集め、社会問題として認識されてきた。

2.2 ハラスメントの構造

▶ ハラスメントの生成過程：

　経済学者であり、自分自身もハラスメントの経験者である安冨歩は、ハラスメントの生成過程を次のように考察した。

　Aがメッセージを発し、Bはそれを受けて学習してAに応え、歩み寄るメッセージを返し、Aはさらにそれを学習する……という過程で、コミュニケーションは成立する。

　これに対して図のように、Aのメッセージに対して、Bは全く学習せずに無視する、あるいは歩み寄らない適当なメッセージを返して、学習を続けるAを精神的に疲弊させる。こうした繰り返しが、ハラスメントの基本構造である。

> 「この過程が繰り返されると、AはBの安定したモデルを形成できなくなる。…たとえば、上機嫌で話し合っている途中に、ささいなことで突然、舌打ちをされる。普通に挨拶したのに、言葉尻をとらえて不愉快な態度を示される。…一方がまったく学習過程を作動させず、一方だけがコマネズミのように学習の努力を続けるこの非対称の関係が継続することで、Aはやがて疲労困憊し、茫然自失の状態に陥る」

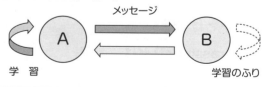

図5.3　ハラスメントの生成過程
（出典）安冨歩・本條晴一郎、2007『ハラスメントは連鎖する』光文社新書：21.

3. なぜ暴力に頼るのか

3.1 DVの背景

▶ **d.** 　　　　　　　　　　　　　　　　　　　　　　　　　：

女性に差別的な社会環境や女性を蔑視する心理が，DVの背景にある。
出産育児で夫に経済的に依存する妻は，夫の暴力から逃れにくい。
男性の暴力性が男らしさとして容認される風潮も，DVの温床となる。

▶ **支配／依存のコミュニケーション・パターン** ：

子ども時代に暴力を受けたり目撃して育ったため，大人になって暴力の加害者になることを「世代間連鎖」と呼ぶ。しかしこの因果関係は，慎重に考えるべきである。なぜなら，暴力を受けた者が，必ず加害者になるわけではないからである。暴力の被害者が，自分はいつか妻(夫)や子どもへの加害者になるのではないかという恐れを持つマイナス面がある。

3.2 加害者の考え方

▶ **暴力はどのような力か**[2] ：

e.

相手を自分の思うようにコントロールしたいという欲求と，そのために最も効果的な方法として暴力を使うことをよしとする考え方。
「多くの加害男性は，殴られ・蹴られ・暴言を受ける側の痛みや恐怖・屈辱・悲しさに全く無関心で，想像を絶するほどの共感性の欠如がある」[3]

人はどのようにして暴力の加害者になるのか。
加害者の考え方は，被害者の考え方と全く違う。

▶ **暴力を振るう人 f.**　　　　　　　　　　　　　**の特徴**[4] ：

① ソトヅラとウチヅラは大違い
② ウソとゴマカシが得意

---

2 沼崎一郎, 2002『なぜ男は暴力を選ぶのか』かもがわブックレット143: 12.
3 草柳和之, 2004『ドメスティック・バイオレンス 新版』岩波ブックレットNo.629: 17.
4 沼崎一郎, 2002『なぜ男は暴力を選ぶのか』かもがわブックレット143: 48-55 から抜粋

③ 妻を批判し，責任逃れを図る
④ いろいろな力を使って，妻をコントロールしようとする
⑤ 嫉妬心と所有欲が強い
⑥ 子どもを犠牲にする
⑦ 酒や薬物のせいにする
⑧ バタラーはなかなか変わろうとしない

刑務所で精神医療に関わってきた精神科医のギリガン[5]は，次のように述べる。

> 【犯罪者が語る暴力の目的】
> 　暴力の目的は，他人に対して尊重を強要することである。自己肯定感が低い人ほど，他人からの尊重に依存することになりやすい。…みずから自尊心を持つことができず，自分の業績や人格によって他人から尊重を引き出すことも難しいと感じる場合，人間は恐怖を利用する以外に尊重を獲得する方法を見いだせないのかもしれない。私が思うに，恐怖はいわば賞賛に対する一種の代用品なのだ。…私が話をした多くの暴力犯罪者たちは，被害者の目の中に恐怖の色が見えるとどれほど心が満たされるかということを語っていた。
> 　（Gilligan 2001＝2011『男が暴力をふるうのはなぜか』大月書店：67-68.）

加害者がいつどのように暴力を学習し，他者への共感力を失ったのか，個別にはわからないことが多い。暴力の原因を探ることも必要だが，その暴力行為にどう対処し，どう逃れるかを学ぶ必要がある。

4．暴力に対処する

4.1　加害者臨床[6]

▶ 加害男性へのカウンセリングの実際[7]：

① パートナーとストレスを激化しない対応や，パートナーを対等な人格として認めたうえでのコミュニケーションを身につける。
② 暴力にいたるパターンを見つけ，そこまで発展しないコミュニケーションスキルを身につける。

---

[5] J. Gilligan, 1935〜，アメリカの精神科医．著書に『男が暴力をふるうのはなぜか』など．
[6] 臨床とは，患者（クライエント）に接して診察・治療・相談（カウンセリング）を行うことを指す．
[7] 草柳和之，2004『ドメスティック・バイオレンス』岩波ブックレット629：29-32．

第5章 関係性と暴力

③ 本人のこれまで生活上の問題がどう暴力につながるかを発見したり,現在の感情的バランスの回復をはかる。
④ 加害者自身が,それまでの人生の中で暴力の被害者であったこともある。暴力を必要とするライフスタイルを探り,変えていく。

▶ 加害者へのナラティヴ・アプローチ：

　暴力を責め,やめるよう指導するだけでそれらの行動がとまるのであれば,多くの支援者,被害者は困っていない。新しいアプローチが,しかも多様なアプローチが求められる。そのひとつが,ナラティヴ・セラピー(第12章)である。
　これは,「問題(加害行為)」が問題なのであり,「人(加害者)」が問題ではないと考える。いわば,「誰も責めないスタンスに立ちつつ,問題の所在を探りあてる」アプローチである。この考え方は,DVの加害者臨床にも以下のように活かされる。

▶ 加害男性へのナラティヴ・セラピーの事例[8]：

① まず,暴力を個人の問題としてとらえずに,男性文化と密接に結びついたものと見なす。
② ①によって責任の重大性は,男性個人というより,男性全体にかかってくる。
③ ①②によって,男性たちは自らがいかに男性文化の道具であったかを理解するようになり,これに「対抗する方法」を見つけることが可能となる。

【人ではなく,暴力的な文化が問題】

　男性文化の支配的言説が脱構築され,男性たちが,自分自身のアイデンティティが虐待的在り方からいくらか分離するのを経験するのは,この文脈においてである。この分離を経験しはじめ…男性たちは徐々に,自身の虐待的行為を積極的に批評し,修復を始められるようになる。
　(White, M., 2011＝2012『ナラティヴ・プラクティス』金剛出版：109.)

　人のアイデンティティを問題のアイデンティティから分離することは,人々が遭遇している問題に対処する責任を放棄することにはならない。むしろ,分離されることで,人々はもっとこの責任を負えるようになる。もしも人が問題だとしたら,自己破壊的行為以外にほとんどなす術はない。
　(White, M., 2007＝2009『ナラティヴ実践地図』金剛出版：27.)

**「責められる」ことで人は変われるのか。
加害行為の責任を個人に押しつけず,個人の外に問題をおいてはじめて,
加害者は問題を認識し,自分を変え,責任をとる道が開ける。**

---

[8] White, M., 2011＝2012『ナラティヴ・プラクティス』金剛出版：93-110.

しかし，被害者は相手が変わることに期待せず，自分を守る必要がある。
「暴力さえなければいい人」ではなく，「暴力があること」が最大の問題だ。

4.2 暴力への対処

▶ DVへの対処：

g. _____

　加害者から「どうやって離れるか，逃げるか」を考えなければならない。「なぜあの人は殴るのだろう」と考えても，暴力をすぐに止めることはできない。

▶ なぜ，暴力から逃げないのか：

心理的理由

h. _____

_____

_____

社会環境的理由

i. _____

　暴力によって尊厳と人格を否定され続けると，被害者は無力化し，加害者への依存が強まって離れられなくなる。また，加害者への愛着や責任感によって逃げられない場合もある。一方女性は，生活手段がないと子どもを抱えたまま離婚できない。

　例）子どものいない高収入女性が暴力夫から離れられない，シングルマザーの生活苦と世間の偏見，被害者への周囲の無理解

**経済状況にかかわりなく，多くの被害者が加害者のもとに留まる。
心理・社会環境的理由から，被害者は自力では逃げ出せない。**

第5章　関係性と暴力

4.3　暴力から逃げるための支援

▶ j.＿＿＿＿＿＿＿＿＿＿＿：

DVの被害者を加害者から隔離し，保護するための施設。
国や地方自治体と民間団体が連携して，全国で運営している。

▶ **相談機関（情報提供・電話相談）：**

インターネットやスマートフォンで以下を検索して連絡すれば，対処・助言を得られる。
例）NPO法人全国女性シェルターネット「女性のためのDV相談室」，配偶者暴力相談支援センター，内閣府男女共同参画局「DV相談ナビ」

4.4　非暴力の関係性

▶ **平等を実現する非暴力の形態：**

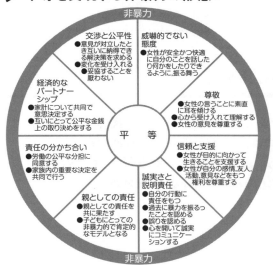

【平等な関係性を築く方法】
心理的平等：
　信頼と支援・パートナーへの尊敬・誠実さ・相手に譲歩する
経済的平等：
　家計を共同して決める・金銭的な公平性
社会的平等：
　仕事・家事の公平な分かちあい
親としての責任：
　親としての責任を果たす・平等な関係性のモデルとなる

図5.4　平等の車輪
（出典）Pence, E. & M. Paymar, 1993=2004『暴力男性の教育プログラム』誠信書房：287.

**ハラスメントの対極にあるコミュニケーションとは，
否定や強制ではなく，愛情にもとづき「相手の学習を疎外しないように，
受容と提示をもって臨むこと」である[9]。**

---

[9] 安冨歩・本條晴一郎，2007『ハラスメントは連鎖する』光文社新書：125.

【花火に行けなかった少年】
　ある夏の日のことだった。幼稚園に通う四歳の少年はその日に行われる花火大会を楽しみにしていた。しかし，いつも通りの昼寝から少年が起きたとき，すでに花火大会は終わっていた。
　翌朝，少年はぐずり続けた。お母さんは優しく尋ねた。
　『何が悲しいの？花火が見られなくて残念なの？』
　少年はぐずるのをやめ，何かを考えているようだった。しばらくすると，少年は再びぐずりはじめた。…このようなやり取りが何度も繰り返された後，お母さんは少年に問いかけた。
　『出店でおやつが食べられなくて悔しいの？』
　少年はそれまでとちがう反応をした。
　『そうだ。ぼくは悔しいんだ。寝過ごしてしまった自分が悔しいんだ！』
　悔しい，という言葉をきっかけに反応した少年は，これ以上ぐずることがなかった。…学習とはインターフェイスを発達させ，世界に対する見方や取り扱い方を変えることである。
　花火に行けなかった少年は，翌朝の母とのやりとりによってインターフェイスを発達させることに成功したのである。
　(安冨歩・本條晴一郎, 2007『ハラスメントは連鎖する』光文社新書: 90-91, 98)

本章のまとめ

DVは加害者に責任があり，それ自体は決して擁護できない。しかし，背後には人びとに暴力を振るわせる心理・社会環境がある。良い・悪いとされる行為はどちらも，この社会・文化のなかで形成・学習される。

第 5 章　関係性と暴力

Book Guide　ブックガイド　5

■『傷ついたあなたへ──わたしがわたしを大切にするということ　DVトラウマからの回復ワークブック』
レジリエンス, 梨の木舎, 2005

★DVを受けた人向けの小冊子で, わかりやすくかつ温かい本。続編も刊行されています。レジリエンス，2010『傷ついたあなたへ〈2〉──わたしがわたしを幸せにするということ　DVトラウマからの回復ワークブック』梨の木舎もおすすめです。

■『愛する, 愛される──デートDVをなくす若者のためのレッスン7』
山口のりこ, 梨の木舎, 2004

★デートDVについて, 手にとりやすく読みやすい本。若者向けです。

■『ドメスティック・バイオレンス　新版──男性加害者の暴力克服の試み』
草柳和之, 岩波ブックレット629, 2004

★加害者向けのDVについての本です。暴力をどう克服すればよいか, 必要なことがコンパクトにまとめられています。

■『ハラスメントは連鎖する──「しつけ」「教育」という呪縛』
安冨歩・本條晴一郎, 光文社新書, 2007

★ハラスメントを深く理解したい方に, 最初におすすめします。ハラスメントの原理が説明されています。安冨歩『誰が星の王子さまを殺したのか──モラルハラスメントの罠』明石書店 (2014) もおすすめします。童話の「星の王子さま」を題材に, ハラスメントについて考えることができます。

■『男が暴力をふるうのはなぜか──そのメカニズムと予防』
Gilligan, J., 2001, *Preventing Violence*, Thames & Hudson.
ギリガン, 佐藤和夫訳, 大月書店, 2011

★刑務所で犯罪者と関わってきた精神科医が, 暴力が生じるメカニズムをわかりやすくまとめています。DVだけでなく, 暴力はどのような場面で生じるのか。犯罪者の心情だけでなく, 人びとが犯罪者になっていく社会背景と暴力の予防まで, しっかりと考察しています。

Column ──── **ナカムラ・コラム** ⑤

親の愚痴は聞かなくてもいい

　身近なところで起こる暴力について，受講生のレスポンス・カードにコメントを書いてもらうと，友達がDVを受けているのだがどうしたらいいかといったことから，自分自身の恋愛経験，部活での顧問からの体罰まで，いろいろな内容が見られます。

　コメントのなかには，小さな頃に父親や母親に殴られた，いまでも怒鳴られていると書かれていることもあります。少なくとも学生の間は経済的な事情で家を出ることもままならずに，理不尽な親の言動に耐えざるを得ない若い人たちはたくさんいます。家に帰りたくなくて街をさまよっても結局は帰るしかない無力感，おそろしく気分の悪い目覚め，一日中重い頭。体をひきずるようにして，なんとか生活している方もいることでしょう。

　DVについて講義をしていた時だったでしょうか。私はふと，両親からの愚痴は聞かなくてもいいんですよと話しました。するとその日のレスポンス・カードの何通かには，「いつも親から愚痴を聞かされていて苦しいです」，「母親の愚痴を聞かなくてもいいなんて知りませんでした」，「少し気が楽になりました」といったことが書かれていました。

　その後も，同じことを講義で話してみたところ，やはり一部の受講生から同じようなコメントが寄せられました。他方で，「自分が愚痴を聞くことで家族関係がうまくいっているのだからこれからも聞き続ける」といった意思表明をされる方もいました。もちろん，聞ける範囲の愚痴であるなら聞いていればよいでしょう。そもそも私は，「聞いてはいけない」，「聞く必要は全くない」とは言っていません。聞きたくなければ「聞かなくてもいい」とお伝えしたいのです。愚痴が始まったなと思ったら，さっとかわしてしまってもいい。シリアスになりすぎる必要はありません。

　聞かなくてもいいとなると，聞かずに済む方法を考えられるようになります。他方で，一生懸命聞いてしまう自分も否定しないで済みます。

　この「も」が重要です。この「も」は，別のやり方，別の見方，別の世界観があることを私たちに教えてくれるからです。もちろん，本当に苦しい時には，頭では他の考え方があることがわかっても，頭も心も苦しみに支配され，なかなか抜けられないものですが。

　愚痴は甘えや依存の一種で，愚痴を聞く側が愚痴る人を支える関係性です。つまり，いつも親の愚痴を聞かされている子どもは，親を支えていることになります。だから息苦しくなるのは自然なことです。ですが，殴られたり怒鳴られたりするわけではないため，なぜ自分が苦しいのかわからないこともあります。両親に限らずさまざまな人の愚痴に慣れている子どもは，愚痴はいつも空気のようにそこにあるので，どれだけ長く愚痴を聞いても苦しさを感じません。上手に愚痴を聞くことで親を落ち着かせることは正しいことであり，自分の使命とすら感じる子どももいます。

　苦しみをたくさん抱える大人はいます。そういう人に自分のつらさを話せる場は必要です。しかし，大人は大人同士で支え合ってもらいましょう。子どもに嘆いて日々をしのぐより，苦しみを分かち合える友人をつくったり，現実の困難さを直視すれば，次の一歩につながりますから，大人にとってもむしろその方がよいのです。大人の世代からの愚痴は，聞かなくてもよいのです。

The Sociology Drill Book

第 6 章
摂食障害とからだ

　現代の多くの女性は，「痩せていなくちゃ」と思い込まされやすい環境を生きています。その結果，一部の人は，拒食症や過食症，つまり摂食障害に陥ります。それは個人の病理というよりも，社会が生む生きづらさです。

　摂食障害とはどのような状態であり，摂食障害を生む現代社会とは，どのような社会でしょうか。痩せることを強いられる社会環境で，人びとはどのように回復のきっかけをつかむのでしょうか。

　摂食障害とそこからの回復を学ぶことで，食・からだ・こころと社会環境のつながりや，私たちの生きづらさの問題解消のしかたを考えます。

―――

《 本章のトピック 》
1. 摂食障害を理解する
2. 摂食障害はどのような状態か
3. ダイエットと摂食障害
4. 摂食障害をとりまく社会環境
5. 摂食障害からの回復

―――

> この章は，第4章「ジェンダー」，第7章「依存症の世界」，第8章「権力」，第12章「構築主義と心理療法」につながっています。

1. 摂食障害を理解する[1]

1.1 摂食障害とは何か

▶ 摂食障害(Eating Disorder)の定義:

拒食(食事をほとんどとらない),過食(大量に食べる),嘔吐(食べた物を自分で吐いてしまう)などを主訴とする。近年,拒食症と過食症の両方を含む摂食障害が問題化してきた。

20世紀後半〜	: 摂食障害が増加傾向に
1960年代〜70年代	: 拒食症(Anorexia Nervosa)が問題化
1980年代以降	: 過食症(Bulimia Nervosa)が問題化

▶ 国内の実態調査[2]:1992〜2002年に拒食症が約2倍,過食症が約5倍増加[3]

	拒食症	過食症
女子中学生	約 [a.]人に1人	約 [b.]人に1人
女子高校生	約 [c.]人に1人	約 [d.]人に1人
女子大学生	約 [e.]人に1人	約 [f.]人に1人

▶ 国内の死亡率:

症例数	死亡例	死因別死亡数	
234例[4]　初診後4〜10年経過	17例 (7%)	病死 自殺	13例 4例
477例[5]　初診後4年〜15年経過	34例 (7%)	病死 自殺 その他	22例 8例 4例

---

[1] 本章はおもに,中村英代,2011『摂食障害の語り』新曜社に依拠している.
[2] 中井義勝・佐藤益子・田村和子ほか,2004「中学生,高校生,大学生を対象とした身体像と食行動および摂食障害の実態調査」『精神医学』46(12): 1269-1273. 日本では近年ほとんど大規模な実態調査は実施されていないため,ここでは数年前のデータを引用した.
[3] 中井義勝,2004「中学生,高校生を対象とした身体像と食行動および摂食障害の実体調査　過去20年間の比較」『厚生労働科学研究費補助金(難治性疾患克服研究事業)分担研究報告書』: 35-40.
[4] 中井義勝・濱垣誠司・石坂好樹ほか,2001「摂食障害の転帰調査」『臨床精神医学』30(10): 1247-1256.
[5] 中井義勝・成尾鉄朗・鈴木健二ほか,2004「摂食障害の転帰調査」『精神医学』46(5): 481-486.

1.2 どのようにして摂食障害になるのか

▶ 医学的説明①：育ち方・成熟拒否・愛情飢餓

　育ち方・成熟拒否（医学的説明②）・愛情飢餓のいずれかの要因を持つ人にストレスが加わると，拒食症になると指摘されてきた。

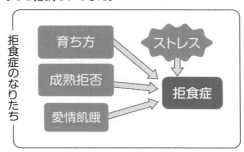

図6.1　拒食症のなりたち
(出典) NHKテレビ 2002年2月14日(木)放送
「今日の健康―摂食障害の心をさぐる『よい子』に多い拒食症」より作成
(http://www.nhk.or.jp/kenkotoday/2001/20020214/20020214.html, 2003.8.)

▶ 医学的説明②：成熟拒否説・女性性の否定説

　日本国内で摂食障害の症例が紹介され始めた1960年代に，摂食障害（特に拒食症）は成熟拒否説・女性性の否定説と結びつけられてきた。学説の歴史は古い[6]。

　例）成熟に対する嫌悪拒否，幼年期への憧憬，男子羨望，厭世観，肥満嫌悪・やせに対する偏愛と希求，禁欲主義，主知主義など。

　「思春期やせ症者の心性の核心をなすものは，成熟嫌悪の態度であり，その内実は，女〈性〉であること，女〈性〉になることに対する嫌悪，拒否である」[7]

▶ 医学的説明③：過食の心理的要因

　過食は，「空腹感とは関係がなく，何らかの心理的な欠落感，空虚感から生じている」[8]など心理的な要因から生じると考えられてきた。

　「神経性過食症 bulimia nervosaでは，種々の欲求不満や孤独感を伴う体験に触発されて発症する場合が多い。…不安，悲哀，孤独，怒り，恨み，空しさ，屈辱，悔恨，その他の陰性感情に揺さぶられて，とめどない過食に耽りはじめる」

---

[6] Janet, P., 1903, *Les Obsessions et la Psychasthénie,* Alcan.
[7] 下坂幸三, [1988]2007『アノレクシア・ネルヴォーザ論考』金剛出版: 117, 122.
[8] 松下正明編, 2000『臨床精神医学講座4　摂食障害・性障害』中山書店. 引用は同: 43, 38-39.

**しかし，愛情が足りない，大人の女性になりたくない，
空虚感があると，人は突然，痩せたくなったり，大量に過食を
するようになるのだろうか？**

　心理学者の小倉千加子は，日本の1960年代の治療を紹介している。たとえば，ある精神科医は，14歳の女性の患者が「母のやることを見ていると家庭の仕事ばかりだ。女の大人はつまらない」と述べたのに対して，「母に対する陰性感情と成熟拒否の観念との直接的な結合を示している」として，次のような電気ショック療法を施したという。

> 【電気ショックという治療──日本の摂食障害の治療の歴史】
> 　下坂医師は患者に成熟拒否の観念を捨てさせ，「女性としての成熟」を受容させるべく，あらゆる手段による治療を試みます。…「患者たちは例外なく生を無意味と見，自己嫌悪にとらわれ，死へ憧れ，希望を喪失する。たとえ希望を持つとしても，女性的役割を回避し，学問・技術によって身を立てることを願う。女性であることに嫌悪と絶望を抱いている患者にとっては，このような並外れた生活設計は当然と思われる」。…「私に対しても著しい反抗的姿勢を示し，指示を守らぬようになった。このため7月中旬より電気ショック療法を計12回施行した。その後，比較的落ち着いた」。下坂医師によると，女子中学生が将来結婚したくないと思うのは「女性的役割の回避」であり，医師をめざすことつまり「学問・技術によって身を立てること」は「並外れた生活設計」と「判断」されたのです。患者の中でどこまでも，下坂医師の価値観を受け入れようとしなかった者には電気ショックが12回も施されました。…これが，1960年代初頭の日本での，その分野の先端的治療だったのです。
> …日本の摂食障害の治療の歴史は，男性医師による女性のセクシュアリティの「矯正」の歴史としてはじまった。
> （小倉千加子，2001『セクシュアリティの心理学』有斐閣選書：27-29, 31.）

　フェミニストの視点から治療に取り組んだオーバックは，女性性の否定説を次のように批判している。

　「無食症者が，文化により規定される自分の役割を受容せずに拒否することが，それ自体病的とみなされ，混乱した社会的同一性に対する極度に複雑な反応とはみられない」[9]

**女性性の否定説によれば，結婚，性，職業などの
女性役割を患者たちに受容させることが「治療」となる。
かつてそのような治療が実際に行われていた。
精神医学にもとづく治療も社会や文化，時代によって変化する。**

---

[9] Orbach, S., 1986=1992『拒食症』新曜社：20.

2. 摂食障害はどのような状態か

2.1 過食は「病理」ではない

▶ 過食のサイクル：過食症者は食べていない

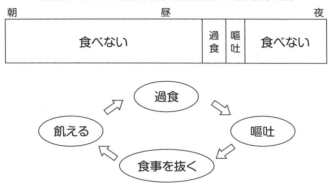

図6.2　過食症のサイクル

　ダイエットによって体重を落とすことはできる。しかし，体重減少はあくまで一時的であり，「身体が良いと感じる，もとの自然な体重に戻ろうとする，たゆむことのない生理的な圧力から免れることはない」[10]という。つまり，飢えの結果として，過食衝動が生じているケースが多い。

2.2 過食・拒食とからだ

▶ 過食症者とは：

g.

　過食症者は我慢して絶食を続け，過食をしても嘔吐するため，からだは飢え続けて一日中食べ物を求めている。

---

[10] Garner & Garfinkel eds., 1997=2004『摂食障害治療ハンドブック』金剛出版：153.

h.

　過食症者は，実際はほとんど食べないためにいつも空腹であり，こらえきれなくなると過食する。過食とは一日中食べ続けることではない（そういう日もあるが）。

　例）過食症者の食事は1日数回。大量に食べ，直後に吐く。吐けない場合はしばらく絶食する。

「私」の声と「からだ」の声のズレ

▶ **拒食症者とは：**

i.

　太ることが怖いために，食べない（肥満恐怖：fat phobia）。食欲がないわけではなく，頭の中は食べ物でいっぱいの場合が多い。客観的には痩せすぎていても，本人は太ることを嫌がる。

　例）「太った私は価値がない」「周囲に太ってないじゃないと言われても，自分の体型を自分でどうしても受け入れられない」

3. ダイエットと摂食障害

3.1　ダイエットを続けると何が起こるのか：回復者の語りから

▶ **j.**

> 「体重なんて気にしていなかった。それがある日，旅行先から帰ってくると2キロだけ増えてたんです。気に入らなくてマラソンしたり主食を少なくしたりとかカワイイことをしていたらすぐに戻ったんです。…『じゃあ，もっといける！』などと考え出して，のめり込んでいきました」
> （20代／男性／過食・嘔吐／約3年。中村英代, 2011『摂食障害の語り』新曜社：73.）

> 「だんだん[体重を]減らすことがゲームになってきて，別になんかただ体重が，数値が減るっていうことだけが楽しい。…やっぱり痩せたいっていう気持ちは，食事コントロールすれば痩せるから，それでますます加速しちゃうみたいな」(30代／女性／過食／約12年。同上：74.)

一般には「痩せたいからダイエットする」と思われがちである。しかし，たまたまダイエットを始めた結果，もっと痩せたくなったという人たちがいる。何かに"ハマル"のは，摂食障害に限らない。

▶ k.

例）依存症の世界を参照（第7章）

> 具体的には何か自分が一生懸命何かをコントロールして体重が減っていくって，もう目盛で，目盛で見えるから，なんかだんだんそういうのが快感になって。…ダイエットが病的になっていって…もう，食生活をコントロールすることが究極の目的。…［綺麗になりたいといった思い］は全然もうない」(40代／女性／拒食／約2年。同上：77.)

▶ l.

> 「［摂食障害に］なる前はね，私は性格的には自由奔放で天真爛漫だったの。人に何言われようとあんま気にしなくて。…でも摂食障害だった自分は，自分に自信がない面がものすごく出てきたから，人の目は気にするし，人の言動にも一喜一憂するし，自分がなかったね。…摂食障害になって，私はおかしい人間だと思ってたし」(20代／女性／過食／約7年。同上：98-99.)

> 「［摂食障害になるまでは］人生順調だったと思います。…［摂食障害になってからは］吐いたりとかすると，こんなことしてるの，私だけだろうと思うし，やっぱり恥ずかしいと思うし。人に知れたら，もう自分とは誰も付き合ってくれないだろうとか思うし。…もう自信がないんですよ。自分が世界の中で，一番最低だと思ってるんですよ」(30代／女性／過食・嘔吐／約8年。同上：100-101.)

ダイエットにハマり，摂食障害になった結果，「自分はだめだ」という自信のなさが強まることがある。

3.2 ダイエットが生む摂食障害

▶ 飢餓の結果としての症状：

アメリカのミネソタ大学で実施された飢餓実験の結果が，1950年に報告された[11]。この実験では，36人の若く，健康で，心理的に異常のない男性に，6ヵ月間摂取カロリーを制限し，観察した。その結果，志願者たちの多くが摂食障害者と同様の状態になった。

この実験から，拒食症や過食症に特有とされてきた多くの症状が，実際は飢餓の結果であることが明らかにされた。

【むちゃ食い】

幾人かが，節食を守りきれずに，むちゃ食いをして後悔したエピソードを報告した。飢餓期の8週目に，一人の志願者は"間違いなく節食の規則を破り，たくさんのアイスクリームや麦芽粉乳を食べた。彼は小さいキャンディーさえも盗んだ。彼はすぐにこのすべての出来事を告白し，自分を卑下するようになった。

【心の問題】

多くの対象者は半飢餓状態の結果，重大な感情面での悪化を経験した。…約20％の志願者は，正常な機能を損なうほどの極端な感情悪化を経験した。うつ状態は，実験中ますますひどくなっていた。…彼らは，飢餓実験の前にはかなり寛容な気質であったにもかかわらず，苛立ちや度重なる怒りの爆発が共通して認められた。多くの被験者に，不安がより明白になってきた。実験が進むにつれて，以前は落ち着いていた被験者の多くは，神経質になり，爪を噛み始めたり，タバコを吸い始めたりした。

【肥満恐怖】

"最も体重が増えた志願者らは，自分がのろまになって，体がたるむことや腹部や臀部に脂肪が付くことが気になっていた"。…これらの不満は，摂食障害患者が体重を増やすにつれて出現する不満に似通っていた。体重増加の典型的な恐怖のほかに，彼らは"太っていると感じる"と報告したり，胃部膨満感を心配したりしていた。

（Garner & Garfinkel eds. 1997＝2004『摂食障害治療ハンドブック』金剛出版：158-162.）

**「こころの問題」が摂食障害を引き起こすだけでなく，
ダイエットや飢えから「こころの問題」が生じることがある。**

---

[11] 現代ではこのような実験は，倫理上，実施することはできない．なお，この実験は兵役の代わりとされた．Keys, A. et al., 1950, *The Biology of Human Starvation (2 vols.)*, University of Minnesota Press.

4. 摂食障害をとりまく社会環境

4.1 痩せることを強いる社会環境

▶ 女性の痩せた身体は美しいとする価値観：

　女性の痩せた身体を美しいものとして強調し，肥満した身体を揶揄する情報やメディア環境によって，多くの女性はダイエットへと動機づけられていく。

　「摂食障害はまさしく『女らしい身体であれ（女らしくあれ）』という女性をとりまく社会的強迫を顕在化させている。にもかかわらず…摂食障害の原因が女性たちの内面に位置づけられることによって，女性をとりまく社会的な強迫が隠蔽されつづけている」[12]

▶ 食品産業・ダイエット産業：

> 　メディアは私たちに，思いつくかぎりのタイプの食品―スナック，ファーストフード，グルメ食品，健康食品，ジャンクフード―のイメージをこれでもかと浴びせかけている。…同時に女性は，ダイエットと，細くてしなやかなスタイルを維持するよう勧める記事，本，ビデオ，カセットテープ，テレビ番組の猛攻撃も受けている。楽しい消費生活と，もっとスリムな身体という二つの相反するイメージを与えられて，私たちは緊張し，股裂き状態に陥って，食物を過剰に意識するようになっている。
> （Hesse-Biber, S., 1997＝2005『誰が摂食障害をつくるのか』新曜社：65-66.）

**ダイエット産業の発達により，痩せる必要のない人までが，
ダイエット食品やダイエット機器を購入・消費させられる。**

▶ 規律訓練型権力と摂食障害：

　哲学者フーコー[13]が指摘した「規律訓練型権力」とは，自分自身を監視し律する権力を指す。摂食障害者は，この権力を内面化している（第8章　権力）。

> 　彼（フーコー）は，力のある種の過程がいかにして諸個人を人生の征服に従事させるか説明しているのです。…私たちは誰でもやっていることですよ。私は，長いあいだ，アノレキシア・ネルボーザというのは，自己支配のシステム，つまり近代的力のシステムの先鋭化した達成だと考えてきました。…厳密で正確な自己監視，違反に対する身体へのさまざまな自己懲罰，永続的な自己評価と比較対照，さまざまな自己否認，個人的排除，精密な自己記録等々。
> （White, M., 1999「セラピーの政治学」『ナラティヴ・セラピーの世界』日本評論社：116.）

---

[12] 浅野千恵，1996『女はなぜやせようとするのか』勁草書房：189-190.
[13] M. Foucault, 1926〜1984, フランスの哲学者．著書に『言葉と物』『監獄の誕生』『狂気の歴史』など．

4.2 心理学的知識が生む心の病い

▶ **病いの情報が病いを生みだす：**

> ある回復者は，もともと痩せたいと思ったことはなかった。18歳の時に失恋をして，相手を心配させたいという思いから，自ら摂食障害になったという。
>
> 「病気になればきっと心配してくれるに違いないと思って。…『摂食障害』っていう病気のこと知ってたので，なんか本とか読んで知識があって。…たぶんその時，パッとひらめいたの，そうだ『摂食障害』になろうって」(20代／女性／過食・嘔吐／約4年。同上：181.)

摂食障害をめぐるさまざまな情報が，摂食障害を生みだす。
摂食障害の知識や情報が，食とからだの問題にフィードバックする。

心理学的知識には人を，

m. 　　　　　　　　　　　　　　　　　　　　　　　　*がある*

▶ **摂食障害の情報が，悪化や回復に影響を与えた事例：**

> 【診断名がもつ力】
> 　高校時代，ダイエット継続後に，過食・嘔吐をするようになった。その後，図書館の本で「摂食障害」という病名を知る。
> 　「原因がわかり，それをどうにかすることによって，必ず私はよくなる。楽になれる。そう思って，私は摂食障害に関わる世界に没頭した。没頭しながら，病気は進行していった。[そんな中，摂食障害の原因が両親にあることを知り，自分は悪くないんだと]一気に開き直った私は，摂食障害についての本を読み漁り，自分を慰めてくれる，都合のいい知識だけぐんぐん吸収して[いった]」
>
> 【家族関係論の功罪】
> 　両親が精神科医を訪れると，悪いのはあなたたちです，と両親に原因があると言われ，ひとり暮らしを始める。しかし，家を出て家族と接触がなくなっても過食・嘔吐は改善されない。むしろ，家族に新たな問題が生まれてしまう。
> 　「父親の方も母親に，おまえが悪いんだという話になっちゃって。」
> 　「母親ももうすごい，すごい傷ついてしまって，もうごったごたになっちゃって。で，そのまま飛び出すように家を出てしまって」

第6章　摂食障害とからだ

> 【精神科の受診と退職】
> 　大学卒業後，希望の企業に就職した。しかし，過食嘔吐をしながらの勤務で心身ともに休む暇がなく，初めて精神科を受診した。すると，初診で「うつ病」と「神経性大食症」と診断され，医師の指示で休職することになる。
> 　その後，会社を辞め，通院もしなくなる。会社を休職することで社会人としての自信を喪失し，病人としてふるまうことでより病人らしくなっていく。
> 　カウンセリングに通い，毎回「新しい悩みネタ」を提供しなければと必死になり，「(悲劇の)ヒロイン度」がエスカレートしていく一方だった」。病院に通っても過食・嘔吐は改善されず，「むしろ，『私は病気だ』というある種の諦めが生まれたようにも思う」
>
> 【回復体験記との出会い】
> 　「私が回復に向かって動き出せたのは，両親を責め，彼らから離れたからではなかった。…私の中に長年巣くっていた，『太っていることはいけないこと』という気持ちにメスを入れ，歪みに歪んだボディイメージを矯正し，そして適切な食生活を取り戻す努力を始めたことで，私は前に進みだしたのである」（女性／20代／過食・嘔吐／約8年。同上：195-225.）

ある人はたまたまインターネットで，一定量食事をとることで回復した体験記を読み，これ以後食生活を改善して過食・嘔吐をしなくなった。

言説の転換は，支配的信念の暗黙の暴力から人を解放してくれる[14]。

4.3　拒食・過食・嘔吐の解決法

▶ 多様な立場による解決法の違い：

多様な立場から問題をどう意味づけるかによって，問題の「見え方」や「対処のしかた」は，ガラリと変わってしまう。解決法は専門家によってまったく変わってくる。

どのような解決法をとるかは，

n.　　　　　　　　　　　　　　　　　　　　を表している

---

14 Gergen, K.J., 1994=2004『社会構成主義の理論と実践』ナカニシヤ出版：334.「言説(discourse)」は文化的，社会的文脈をもつ言語表現，ものの言い方の総体を指す。支配的信念は世間に広く浸透して信奉されているものの考え方．

カウンセラー	→	「心の問題が原因, カウンセリングで解決しましょう」
精神科医	→	「原因はさまざま, まずは薬をのみましょう」
宗教家	→	「先祖が原因, 先祖を供養しましょう」
家族療法家	→	「家族が原因, 家族療法で解決しましょう」
社会学者	→	「社会が原因, 女性に痩せを強いる社会を解決しましょう」
父親	→	「痩せたがる年頃だよ。見守っていれば問題ないよ」

**ある社会現象に対して絶対的に正しい見方があるわけではない。
現象を見る立場によって, 対処のしかたは変わる。**

4.4 業績主義社会を生きる自己

▶ O.

「『私』が生きているということを, しかも価値のある存在として生きているということを証明しようとする行為」[15]を指す。

第1章2.2で学んだように, 業績主義社会では何かが「できる」自分に, 人は自己の価値を見いだし, 能力を発揮して他者に認められようとしがちである。しかし, 第9章(4.2)で見ていくように, 人は他の手段を通じて自己の価値を証明しようとすることもある。

---

[15] 石川准, 1999『人はなぜ認められたいのか』旬報社: 50.

第6章 摂食障害とからだ

▶ **p.**

人は他者の承認を求め，その体系が社会を形づくる。

「社会は，自分ひとりでは獲得しえない存在証明のために，人々が他者からの承認を求めて形成するもの」[16]

業績主義社会では，個人は特定の価値（痩せたからだ，地位，名誉，財産など）を追い求め，自己の存在証明に躍起になる。
私たちは社会の承認を求めて喜んだり，悲しんだりして生きている。

---

5. 摂食障害からの回復

5.1 回復経験への着目

▶ **研究・治療の変化：**

q.

これまでは精神医学の専門家である医師を中心とする治療が中心であった。

r.

当事者同士や回復者の経験に，手がかりを探る試みが始まっている。

▶ **多様な回復のきっかけ：人それぞれの偶然性**

例）恋人ができた，大学生活が楽しくなった，インターネットで回復体験記を読んだ，教会に行った，食事訓練をした，高校で教えていた生徒におにぎりを食べてと言われた，相性のよいカウンセラーと出会えた，整形した，自分に合うセルフヘルプ・グループが見つかった，プレイステーションにはまったなど[17]。

---

[16] 奥村隆, 1998『他者といる技法』日本評論社：36.
[17] 中村英代, 2011『摂食障害の語り』新曜社：第4章.

5.2 多様な回復のしかた

▶ 回復のしかた① : 食事を抜かない・吐かない

> 「私が言いたかったのは,『三食きちんと食べなければ,体が暴走するんだから,きちんと食べましょう。太ったってなんだって。まずは食事の訓練をしていいリズムを身に付ければ,過食の衝動もおさまるし,おかしな恐怖心も消えるし,そのうち体重増加だって落ち着くと思いますよ』と言うことだった」(20代/女性/過食・嘔吐/約8年。同上: 233.)

からだの「飢え」を取り除けば,過食はおさまる。
しかし,太るのは怖いために,食べることができない。
では,太る恐怖をどう取り除くのか?

> 【ダイエットをやめると,太るのか】
> 　肥満研究の領域で知られる「セットポイント理論」[18]によると,ダイエットによって一時的に体重減少に成功してもそれは一時的であり,体はもとの"自然な体重"に戻ろうとする。逆に,一時的に体重が増加しても,いずれ自然な体重に戻る。ダイエットをやめても,際限なく太り続けることはない。
> 　なお,摂食障害回復者の「三食きちんと食べよう」という呼びかけは,必ず朝・昼・晩に食事をしなければいけないという意味ではない。朝食と昼食が一緒になることもあるし,三食に特にこだわる必要はない。まずからだが飢えている状態を改善しよう,という意味である。自然な食事のしかたを忘れてしまい,最初は一日三食,規則正しく食事をとる練習をした人もいる。
> 　「過食嘔吐していたときは,自分はものすごい太りやすい体質で,普通の一人前の量なんか食べてたらあっという間にぶくぶく太って100キロ超え,なんて本気で思っていた。過食止まってからもしばらくその恐怖は抜けなかった。ありがたいことに,あれは幻想だったな。食べたい時に食べたいだけ食べても,そうそう簡単に太るもんじゃないんだ人間て。そんな当たり前のことすら全然信じられなかったのが,やっぱり病気だったんだなと思う」(20代/女性/過食・嘔吐/約8年。同上: 163.)

▶ 回復のしかた② : 生き方・考え方が変わる／変える

> 「土俵の中しか生きる世界がないっていうのが,すごく生きづらくなる社会規範なんじゃないかと思います。…土俵の中というのは二極対立の世界,価値がある人ない人,お金がある人ない人,大きい人小さい人,太っている人痩せている人,なんか全部そういう世界で,価値しか生きる世界がないし,負けた人は敗者としてしか生きる道がない,そういう土俵の中しか世界はないんだという洗脳,マインドコントロール…」(30代/女性/過食・嘔吐/10年。同上: 96.)

---

[18] Garner & Garfinkel eds., 1997=2004『摂食障害治療ハンドブック』金剛出版: 151-156.

第6章　摂食障害とからだ

▶ 自己イメージの転換：

　回復前：s.＿＿＿＿＿＿＿＿＿＿＿＿＿＿＿＿＿＿＿＿＿＿＿＿＿＿

　回復後：t.＿＿＿＿＿＿＿＿＿＿＿＿＿＿＿＿＿＿＿＿＿＿＿＿＿＿

【私は私でいい】
　「以前は，私は生きている価値がない人間だと思ってたの。いまは価値があるとかないとかではなくて，私は私でいい，それでいいじゃん，という。…自分が価値があるとかないとかっていう発想そのものが歪んでるっていうか，自分を苦しめてるんだっていうところから始めるといいんじゃないかな」(30代／女性／過食・嘔吐／約10年。同上：187.)

【他人と自分を比較しなくなった】
　「昔はなんでも競争，どっちが優れてる，どっちがっていう気持ちがあったような気がするんですよね。特に同性とかにね。他人に対する嫉みじゃないけど，羨ましい気持ちがすごくあったりとか。…いまはそれはないですね。…楽に楽に，それが一番」(30代／女性／過食・嘔吐／約8年。同上：125-126.)

【自分で自分を肯定する】
　「性格は変わってないので……〔自分を〕責めがちなんですけども。ただ，自分を好きになるということは，肯定することとか，愛することっていうのは大事なんだって，自分で思うようにしてるんで。基本的には心の底から思ってないかもしれないですけど。…自分を愛していこうというか，心も大事にしていこうって，それが一番第一優先順位っていうんですか」
(30代／女性／過食・嘔吐／約4年。同上：140.)

5.3　自己否定から自己受容へ：回復者の語りから

▶ 自己を受容し，他者の承認を求めない

　回復前：u.＿＿＿＿＿＿＿＿＿＿＿＿＿＿＿＿＿＿＿＿＿＿＿＿＿

　例）自分はだめだ，太った私は嫌われる，私は生きている価値がないという無価値感，人の目を気にする，他人への嫉み，狭い土俵の中しか生きる世界がないという自信のなさ

　回復後：v.＿＿＿＿＿＿＿＿＿＿＿＿＿＿＿＿＿＿＿＿＿＿＿＿＿

　例）私は私のままでいい，だめな自分も含めて自分を好きになる，競争から外れて楽が一番，ありのままの自分を受け容れられる

▶ **回復者の語りに見る現代社会の生きづらさ：**

「手ぶらの幸福」「誰でも生きづらい」という回復者の率直な語りに，現代社会の生きづらさが表れている。

> 「お金があるから幸福とか，服があるから幸福とか，自分が美しいから幸福とかいう外のものに頼った幸福じゃなくて，…ひとりでいても内側にある幸福っていうか，外に求めてる限りはどこまで追っかけてもやっぱ足りなくなるし，食べても食べてもまだ腹は減るし。…終わりがないから，そういうのって。でも本当に，手ぶらの幸福というか，何ももってなくても，いまにも死にそうな状況でも，そんなこと関係なく幸福みたいな，そこまでいきたいなっていう」
> （20代／女性／過食・嘔吐／8年。同上：171.）

> 「いい企業に勤めて高い給料もらってっていう。…そういったレールに乗らなくても別にいいとか思えるようになってから楽になったんです。…自分のスタンダードが変わったっていうか。…誰でも生きづらいじゃないですか。〔生きづらさが〕なくなったら嘘でしょ」
> （20代／男性／拒食・過食・嘔吐／約6年。同上：135-136.）

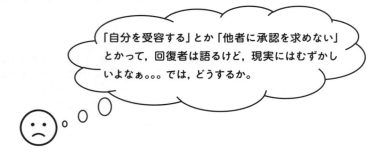

本章のまとめ

摂食障害は個人の病理と見なされがちである。
しかし実際は，社会環境が生む生きづらさの表れである。
他人との比較や承認なしに，自分の価値を見いだせない人びとを
大量に生み出す社会環境に問題がある。

Book Guide ブックガイド

📖『摂食障害の語り──〈回復〉の臨床社会学』
中村英代, 新曜社, 2011

★私の著書です。摂食障害から回復した18名の方にインタビューを行い, 摂食障害とはどのような経験かを考察しました。回復者の語りには, 摂食障害で困っている人, 経験していない人にも, 生きづらさから楽になるメッセージが詰まっています。

📖『「やせ願望」の精神病理──摂食障害からのメッセージ』
水島広子, ＰＨＰ新書, 2001

★精神科医の立場から, 摂食障害について非常にバランスよくまとめられた良書。絶版で入手しづらいかもしれませんが, 摂食障害で困っている人におすすめします。水島先生はその後, 摂食障害の本をいくつか書かれ, 水島広子『拒食症・過食症を対人関係療法で治す』紀伊國屋書店(2007)があります。

📖『女はなぜやせようとするのか──摂食障害とジェンダー』
浅野千恵, 勁草書房, 1996

★日本の社会学・ジェンダー論の立場からはじめて摂食障害を論じた基本書。ジェンダー論として摂食障害を学びたい人におすすめします。

📖『叶恭子知のジュエリー12ヵ月』
叶恭子, イースト・プレス, [2008] 2011

★あの叶姉妹の叶恭子さんのエッセイ集。摂食障害で自信をなくしている方は, 元気をもらえるかもしれません。恭子さんはふつう人がとらわれやすい「世間の評価」を, ここで徹底的に相対化しています。

Column 　　　　　　　　　　**ナカムラ・コラム** 　　　　　　　　　　6

自分に厳しい私たちのために

　摂食障害の方の多くは「自分には価値がない」と思い込んでいることが多いです。自信がない，価値がない，人より劣っている。摂食障害でなくても，自分をそう思う受講生はたくさんいて，講義後のレスポンス・カードにいろいろな思いを書いてくれます。

　一見明るく元気な女子学生にも，友達といつも賑やかにしている男子学生にも，そう思っている人はいるので，外からは彼らの思いはわかりません。そして，10代の頃の私も，まったく同じ思いを抱えた若者でしたが，同世代の友達が自分と同じ思いを抱えていると思ったことはありませんでした。教師になってはじめて，自分に価値があると思えない若者が自分以外にもたくさんいたこと，そして今もたくさんいることを知りました。

　でも，少しだけ想像してみて下さい。たとえば，私たちが自分の子どもや友達に向かって，「あなたには価値がない」，「他人より劣っている」，「もっと頑張れ」と叱る場面を。そして，「痩せていないと価値がない」と食事制限を強いる場面を。

　それがいかにひどく，暴力的なことかは容易に想像がつくでしょう。

　それなのに私たちは毎日，時には一日中，何度も自分自身にそうした言葉を投げつけています。私たちは時として，自分に厳しすぎるのです。自分を乱暴に扱いすぎるのです。

　私たちはきっと，自分自身を適切にいたわる方法を学び，実践すべきなのでしょう。

The Sociology Drill Book

第7章
依存症の世界

　人は快楽を求めて依存症になるのではありません。むしろ，恐れや痛み，苦しみから逃れようとして，依存症に陥ります。依存症者と同じく，私たちは多かれ少なかれ恐れや不安を抱え，何かに依存しながら生きています。

　依存症をめぐる社会環境を理解することで，私たちがいかに他者の評価や競争にさらされながら生きているか，資本主義社会の組織や個人がいかに暴走状態にあるかがわかります。私たちの社会環境が依存症の世界を生んでいるともいえます。

　依存症者同士が生活する共同体についても学びますが，一般社会と異なるルールのもとで安心して何でも話せる場所は，苦しむ人びとの支えとなります。

≪ **本章のトピック** ≫
1. **依存症を理解する**
2. **依存症へのサポート**
3. **依存症と社会システム**

1. 依存症を理解する

1.1 依存症の種類と対象

▶ **a.** ：

ある物事を繰り返し必要とし，それがないといられなくなること。嗜癖ともいわれる。

その結果，健康を害したり，犯罪を犯したり，社会生活を保てなくなる状態は依存症と総称される。依存する対象は大きく物質，行動，人間関係の3つに分けられる[1]。

① **b.**

特定の物質の摂取がやめられなくなる状態。

例）アルコール（飲酒），ドラッグ（薬物摂取），ニコチン（喫煙）など

② **c.**

特定の行動がやめられなくなる状態。

例）ギャンブル（賭け事），ダイエット（摂食障害），リストカット（自傷），買い物など

③ **d.**

特定の他者と離れられなくなる状態。

例）破滅的な恋愛を繰り返す，家庭内暴力を受け続ける，自分を苦しめる人に支配され続けるなど

▶ **e.** ：

お互いに依存しあい，自立できない関係性を指す。日常の延長線上にあるため，一般的定義はむずかしい。

例）アルコール依存の夫とその世話をする妻。家庭内暴力を繰り返す息子とその子を溺愛する母

共依存の当事者として活動してきたメロディ[2]は，自分の経験を踏まえて次のように述べる。

---

[1] 依存症の範囲に何をどこまで含めるかはむずかしい．DSM-Vなど精神医学の診断基準に含まれているのは，物質への依存とギャンブル障害だけである．

[2] B. Melody, 1948～，元依存症者で，現在はアメリカのカウンセラー・著述家．著書に『共依存症』『いつも他人に振り回される人のための366個の言葉』など．

第7章　依存症の世界

【普通の行動が度を越してしまう】
「共依存症者とは，特定の他者の行動に左右されていて，かつ，自分は相手の行動をコントロールしなければならないという強迫観念にとらわれている人のこと」だと定義した。…共依存症的な行動（心配すること，支配すること）の多くは，普通の人の当たり前の行為でもある。だが，こうした行為に歯止めがかからなくなると，問題に発展する。共依存症とは，ごく普通の行動が度を越してしまうことだ。…他人の責任の範囲と自分の責任の範囲を隔てる境界線を忘れてしまうのだ。
（Melody, B., 2009＝2011『共依存症』講談社: 16-18.）

▶ f.

依存症者を助けることで，かえって依存症者の回復を遅らせてしまう周囲の人の行為。
例）薬やお酒を隠して依存行動をコントロールしようとする，トラブルの肩代わりをする

1.2　生き延びるための依存

▶ 自己治療仮説とは[3]：

特定の薬物や行動が心理的苦痛を一時的にやわらげてくれると，人は無意識のうちにその物質や行動を選択し，繰り返し摂取するようになり，その結果，その人は依存症に陥るという説。自己治療仮説は，カンツィアンらが依存症者の観察にもとづき提唱した。
　例）アルコール，ニコチン：緊張や不安から解放される。合法だが未成年は禁止。
　　　オピエート（ヘロイン）：トラウマ体験に由来する怒りや攻撃性を鎮めてくれる。
　　　コカイン　　　　　　：空虚感・倦怠感・抑うつ状態のコントロール。あるいは，高揚と興奮などの快楽をもたらす。以上は禁止薬物。

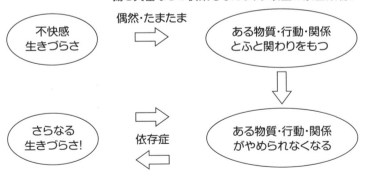

図7.1　自己治療仮説

---

[3] Khantzian, E. J. & M. J. Albanese, 2008＝2013『人はなぜ依存症になるのか』星和書店: 157, 37-41.を参照した. E. Khantzian, 1935～，アメリカの精神医学者. 著書に『人はなぜ依存症になるのか』など.

いやな気分や不快な感情を変えるために，
ある物や行動や人と関わり，それが依存症に発展していく。

▶ **どのような人が依存症になるのか：**

依存症者は，意志が弱い人，快楽に溺れやすい人と思われがちであるが，不安や緊張が高い人，痛みや苦しみを抱えている人が，依存症になりやすい。

例）虐待の経験者，精神疾患を抱えている人，仕事や家庭への義務感で自分を追い込んでいる人

「決して快楽に溺れるためでも、自己破壊的衝動に突き動かされたためでもない。むしろ，他に解決策が見当たらないなかで，耐えがたい苦悩や苦痛を抑え，緩和することを意図したゆえの行動なのである」[4]

依存症者の生活からアルコールや薬物などの「モノ」を取り除き，
管理することだけが治療ではない。
痛みを抱えたひとりの人間を理解し
「ヒト」をサポートしなくてはならない。

2．依存症へのサポート

2.1　さまざまな対策

▶ **g.** ：

1960年代に精神科医のベック[5]がうつ病の治療方法として認知療法（Cognitive Therapy；CT）を提唱した。その後，行動療法を含むさまざまな技法や理論が統合された。認知行動療法は，すべての心の問題には，うまく働いていない思考があるとする。そして，もしある人が，自分の思考を現実的かつ適応的に働かせるようになれば，その人の心理状態や行動は改善されると考える。

認知行動療法にはさまざまなバリエーションがあり，依存症の領域でも用いられている。

---

[4] Khantzian, E. J. & M. J. Albanese, 2008=2013『人はなぜ依存症になるのか』星和書店: 175. 同：Ⅴを参照した。

[5] A. T. Beck, 1921～，アメリカの精神科医．Beck, J. S., 2001=2015『認知行動療法実践ガイド：基礎から応用まで　第2版』星和書店: 3-5 を参照した。

例）リラプス・プリベンション（再発防止策）：薬物使用のリスクをつきとめ，対処法を身につける。薬物仲間・売人からの連絡，薬物を入手し使用していた環境，繁華街，大金を持ち歩く，週末，ストレスがたまった時など[6]。

▶ h. ：

薬物使用に関連するいかなる被害（Harm）も減らすこと（Reduction）を目的とする政策プログラムを指す[7]。

通常の薬物政策は「ダメ。ゼッタイ」などの追放キャンペーンを行い，薬物のない社会をめざすが，現実には使用者は多数おり，いなくなることはない。そこで，このプログラムは薬物を安全な環境で使用することを公的に許可することで，薬物使用に伴う感染症や事故を減らそうという実用主義の立場をとる。イギリス，オランダ，カナダ，オーストラリアなどでは実施されているが，日本ではまだ実施されていない。

例）使用済みの注射器と引き換えに新しい注射器が無料で提供され，医療者の管理のもとで安全に違法薬物を使用できる施設があるなど。

▶ 聴くことが持つ力：

「いのちの電話」[8]とは，日本いのちの電話連盟，その他の協力団体による自殺予防活動を指す。ボランティアが心の問題・困難・悩みを抱える人びととの電話相談を無料で実施している。全国に電話が配置され，24時間受付もある。匿名の相談が可能であり，秘密を厳守してくれる。

話をただ聴いてもらうだけで，語り手は楽になれる。
しかし，現実社会には安全に語りが聴き入れられる場は多くない。

▶ i. ：

同じ問題を抱えている（かつて抱えていた）「仲間」を指す。当事者，経験者。セルフヘルプ・グループで実践される自立活動の組織基盤となる。

例）ピアサポート（仲間同士の支援），ピアリスニング（傾聴）

----

[6] 和田清編，2013『依存と嗜癖』医学書院：25-26 を参照した．
[7] 古籐吾郎ほか，2006「ハームリダクションと注射薬物使用：HIV/AIDSの時代に」『国際保健医療』21(3)：185.
[8] 「いのちの電話」は話し中であることが非常に多い．それだけ多くの人が電話をしているということ．せっぱつまって電話しても話し中かもしれないことを，あらかじめ知っておいた方がよい．

例）犯罪を繰り返してしまう若者の語り
　　薬物をやめられない男性の語り
　　子どもを叩いてしまう母親の語り

だからこそ，同じ立場の人同士で語り合える場が必要になる。

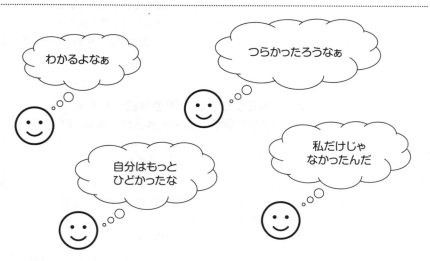

▶ とまらない依存行動とは：

　依存行動には，自分はどうがんばっても，とめられない，やめられない時期がある。
　そんな時にも，やめられない自分を正直に語れる場があり，孤立せずに過ごすことができれば，苦しさはやわらぐ。やめられない今の自分を受け容れ，苦痛のあまり自己破壊的な行動に走らずに過ごせれば，もっとも苦しい時期も安全に乗り切ることができる。

2.2 セルフヘルプ・グループの支え合い

▶ **j.** :

　同じ問題を抱える者同士が集まり，交流を通して相互に支え合い，問題解決をはかる自助活動を指す。情報の共有，情緒的サポートなどを通して，グループのメンバーは自信や自尊心を回復していく。自分が回復するのと同時に，ほかのメンバーの回復を助ける支え合いを特徴とする。セルフヘルプには，さまざまな領域のグループ・活動がある。

　例）摂食障害者の集まり，DV加害者の集まり，ギャンブル依存者の集まりなど多数。依存症に限らず，ペットを失った人，犯罪加害者の家族，特定の病気を持つ人，ひきこもりの親の集まりなど。

依存症の世界では，当事者が仲間同士を支え合い，活躍している。

▶ **セルフヘルプ・グループのミーティング・ルール例 :**

　多くのセルフヘルプ・グループには，参加者が順番に話をする「ミーティング」がある。ミーティングのルールは，セルフヘルプ・グループごとに違うが，ここでは，依存症の世界で広く普及している12ステップ・グループのルールを紹介する(本章2.3)。

① アノニマス・ネーム(ニックネーム)の使用

k.

　名前を名乗らなくてよいため，正直に話せる。

② ミーティングで聞いたことは，一切，口外しない
　秘密が守られるため，安心して何でも話せる空間が生まれる。

③ 「言いっ放し，聞きっぱなし」のミーティング

l.

　他者にどう思われるか，評価や査定を気にしないため，自由に話せる[9]。

---

[9] 野口裕二, 2002『物語としてのケア』医学書院：166-168 を参照した.

> 【Jさん（男性／30代／咳止め薬への依存）の語り】
> 　前はなんかまわりの目を気にして，いいこと言わなきゃみたいな，正当なこと言ってたんですけど。なんとなく人の話聞いてても，そういうのってわかるじゃないですか。……そっからですかね。できるだけ正直，正直っていうより，聞かせるために話す，ではなくて，ただ自分の思ったことを話すっていうことに変わっていったっていうのは。
> （ダルク研究会編，2014『ダルクの日々』知玄舎：308.）

ミーティングでは，社会一般で評価される話をしても，
良い評価を受けない。
逆に社会一般で悪いとされ，許されない話をしても，
悪い評価は受けない。
するとミーティングの語りは，正直で自由な語りへ変化していく。

2.3 AAと12ステップ・プログラム

▶ AAとは：

　アルコホーリクス・アノニマス（Alcoholics Anonymous）を指す略称。アルコール依存者が当事者同士で助け合い，飲酒を必要としない生き方をするための共同体。現在，依存症者の支援組織として，世界中で大きな影響力を持つ。

　ＡＡは1935年5月アメリカで，アルコール依存症者のビルとボブ[10]が出会い誕生した。1939年にビッグ・ブックと呼ばれるテキスト[11]が刊行され，その後，世界中にAAをはじめとする12ステップ・グループがつくられた。

　例）薬物依存のNA（Narcotics Anonymous），ギャンブル依存のGA（Gamblers Anonymous），過食症のOA（Overeater Anonymous）など

AAとは，アルコール依存の当事者たちによる世界規模の共同体である。

▶ 12ステップ・プログラムとは：

　AAで個人が仲間とともに実践するプログラムを指す。

---

[10] Bill, 1895〜1971，アメリカ，ビジネスマンを経て，AAを創設．Bob, 1879〜1950，アメリカ，医師を経て，AAを創設．
[11] Alcoholics Anonymous World Services, [1939] 2001 = [1979] 2002『アルコホーリクス・アノニマス』ＡＡ日本ゼネラルサービス．
[12] AAが説く神は，キリスト教などの宗教とは異なる．本章コラムを参照．

第7章 依存症の世界

【AA（Alcoholics Anonymous）の12ステップ・プログラム】
1. 私たちはアルコールに対し無力であり、思い通りに生きていけなくなっていたことを認めた。
2. 自分を超えた大きな力が、私たちを健康な心に戻してくれると信じるようになった。
3. 私たちの意志と生き方を、自分なりに理解した神12の配慮にゆだねる決心をした。
4. 恐れずに、徹底して、自分自身の棚卸しを行ない、それを表に作った。
5. 神に対し、自分に対し、そしてもう一人の人に対して、自分の過ちの本質をありのままに認めた。
6. こうした性格上の欠点全部を、神に取り除いてもらう準備がすべて整った。
7. 私たちの短所を取り除いてくださいと、謙虚に神に求めた。
8. 私たちが傷つけたすべての人の表を作り、その人たち全員に進んで埋め合わせをしようとする気持ちになった。
9. その人たちやほかの人を傷つけない限り、機会あるたびに、その人たちに直接埋め合わせをした。
10. 自分自身の棚卸しを続け、間違ったときは直ちにそれを認めた。
11. 祈りと黙想を通して、自分なりに理解した神との意識的な触れ合いを深め、神の意志を知ることと、それを実践する力だけを求めた。
12. これらのステップを経た結果、私たちは霊的に目覚め、このメッセージをアルコホーリクに伝え、そして私たちのすべてのことにこの原理を実行しようと努力した。
（A.A.W.S.社の許可のもと再録．）

▶ 依存症からの脱出：

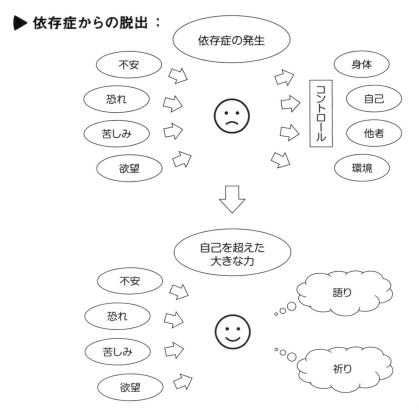

> 「自己コントロール」を手放し,「自己を超えた大きな力」に
> 自分をあずけることによって, 依存症のサイクルから脱出できる。

▶ 変えられないこと, 変えられること：

12ステップ・ミーティングの終わりには,「平安の祈り」が唱えられる。

> **「平安の祈り(Serenity Prayer)」**
> 神さま, 私にお与え下さい
> 自分に変えられないものを受け入れる落ち着きを
> 変えられるものは変えていく勇気を
> そしてその二つのものを見分ける賢さを

例）変えられないことと, 変えられることの例

変えられないこと	変えられること
気持ち(ゆううつ)	行動(外に出る)
怒鳴る夫	自分(逃げる)
他者	自己
過去	現在

2.4 欲望をもたない共同体

▶ AAという組織の特徴：

　AAをはじめとする12ステップ・グループは, 利潤を追求する営利組織ではない。特定の支配者もいない。「もっと, もっと」という欲望をもたない（ひとつの変数の最大化が抑制された）共同体である[13]。

　人類学者のベイトソンは, AAという組織を次のように考察した。

> **【AAという組織の特殊性】**
> 　AAとは「アルコール依存症の苦しみにあって, それを必要としている人たちに, AAのメッセージを届ける」という目的を, 最高度に達成できるようめざす組織といえる。そして,「AAが最大化しようとする変数は, 相互に補い合うものであり, それは支配ではなく,『奉仕』の性格をもつ」
> 　(Bateson, G., 1972=2000『精神の生態学　改訂第2版』新思索社: 451,452を参照し,　訳文を一部変えた)

---

[13] 中村英代, 2016「『ひとつの変数の最大化』を抑制する共同体としてのダルク」『社会学評論』66(4): 498-515.

▶ 12の伝統とは：

AAでは，こうした共同体を維持するために，12の伝統をおく[14]。そこでは，個人よりも全体の福利が優先される。各グループの目的は，いま苦しんでいるアルコール依存症者にメッセージを運ぶことのみにある。

▶「今日だけ(Just for Today)」：

Just for Todayは，「今日だけ」「今日一日」という合言葉。NA (Narcotics Anonymous) でよく使われている。「今日一日は薬物を使わないようにしよう」など，一日だけ守る目標を定め，それを続けていくことで，薬物依存からの回復をめざす。過去の失敗，未来への不安に振りまわされるのはやめて，今日一日を精一杯生きようという意味。

【今日だけ】
今日だけ，自分の回復について真剣に考え，薬物抜きの人生を味わおう。
今日だけ，私を信じ，私の回復を手助けしてくれるNAの仲間を信頼しよう。
今日だけ，プログラムに従い，ベストを尽くそう。
今日だけ，NAを通して，明るい人生が持てるよう努力しよう。
今日だけ，恐れないようにしよう。
　　　　薬物を使っていない，新しい生き方を見つけた仲間を大切にしよう。
　　　　この方法に従うかぎり恐れるものは何もないのだ。
(Narcotics Anonymous World Services, 2008, Just for Today, *Narcotics Anonymous World Services*.「今日だけ」は同書の冒頭より引用)

---

[14] Alcoholics Anonymous World Services, [1939]2001=[1979]2002『アルコホーリクス・アノニマス』AA日本ゼネラルサービス: 562-563.

3. 依存症と社会システム

3.1 ベイトソンの分裂生成理論[15]

▶ **分裂生成とは：**

　ある行動がつぎの行動を生み，その行動がもとの行動を刺激して強めるような行動の連鎖。ベイトソンは「もっと，もっと」と加速する行動を「分裂生成」と呼んだ。

▶ **分裂生成の2つの種類：**

m.

〈競争〉や〈張り合い〉のように，本質的に同じ行動が分裂生成する型。
例）個人間のライバル意識，国家間の軍備競争

n.

〈支配―服従〉や〈養護―依存〉のように，本質的に異なる行動が分裂生成する型。
例）親子関係，支配者とその服従者

【暴走状態にある私たち】
　西洋社会がいたるところに分裂生成を生み出す社会だ，ということを認めるとき，西欧文化のさまざまな組織や個人は，程度の差こそあれみないずれも暴走状態にあると考えざるをえなくなる。…「耽溺」[たんでき]こそが，個人個人の生活に至るまで，我々の生きる産業社会のあらゆる側面を特徴づけているのだ。アルコールに（あるいは食物，ドラッグ，タバコに）依存することも，地位，仕事の実績，社会的影響力，財産などに依存することも，構造的には同じであり，より精巧な爆弾を作ろうという欲求，すべてのものを意識によって支配しようという欲求も，それと変わらない。
　（Berman, M., 1981=1989『デカルトからベイトソンへ』国文社：282.）

　　　分裂生成は，私たちの身近な個人間や社会組織に見られる。
　　　そして，依存症とは分裂生成する行動の延長線上にある。
　　　　　世界には，かつてそうではない社会が存在した。
　　　それがベイトソンが観察した1930年代のバリ島であった。

---

[15] Bateson, G., 1972=2000『精神の生態学　改訂第2版』新思索社：174-175. 同：182-193を参照した。

3.2 「いま」を生きるバリの社会

▶ 私たちの社会：

　人びとは自分の価値を高めようと，金銭，自尊心，名誉，権力，人望，愛情などを限りなく欲する。例）立身出世，事業の成功，子孫繁栄，不老不死，経済成長

▶ 1930年代のバリ島の社会：

o.
_____

　人びとは特定の価値（金銭，自尊心，権力，人望その他）に重きをおかず，自然界と調和した，安定したバランスをとろうとする。

> 【「もっと，もっと」という欲望がない人びと】
> 　［私たちは］ほとんどの場合，社会を構成する個人が何らかの変数［注：金，権力，人望など］をできるだけ大きくする方向へ動くと考え，それを前提として社会機構のダイナミズムを記述していく。現在の経済理論にしても，個々の構成員がそれぞれの持つ経済的価値の最大化を目ざして動くことを前提としているし，わたしの出した分裂生成理論も，「威信」「自尊心」など…をできるだけ大きくしたいという気持ちが人々にあることを暗黙の前提としていた。ところがバリの人々は，その種のどんな単純変数についても，その最大化を目指すことはない。
> （Bateson, G., 1972=2000『精神の生態学　改訂第2版』新思索社：188.）

「ひとつの変数を最大化せず，安定性の最大化を図る」とは具体的にはどういうことか？

> 【お金を殖やそうとしない人びと】
> 　商売においては，非常にささいな利益にこだわる「がめつさ」を見せる。ところが，儀式に臨むときなど，大金を実に気前よくはたく。…自分の資産を殖やせるだけ殖やそうといつも考えているものは極めて少数であって…まわりから嫌われ，あるいは「変わり物」のレッテルを貼られる。
>
> 【忙しい日々】
> 　なぜあれほど忙しく儀式を取りおこない，芸術活動に打ち込むのか。…バリ島では，発展的でない変化を次々とつないでいくことで，定常状態が確保されているのだ。

> **【いまを生きる】**
> 　バリの人々の活動は，目的的でない。つまり…現在の行動それ自体に価値をおいて動くのが標準である。絵師，踊り子，楽師，祭司等によるプロフェッショナルなサーヴィスを受けた場合，金銭を払いはしても，実労時間と実費に見合う額が支払われることは稀である。…縁日に花と果物の壮麗な芸術品が寺院に立ったからといって，祭られた神が御利益をもたらしてくれると本当に信じている人はいない…そこにあるのは，未来に照準を定めた目的遂行型の行為ではなく，その時々にふさわしいことを，村の衆全員で精一杯美しくとり行うことに見出される，直接的・内在的な充足なのである。
> 　（同上：182-193.）

　バリの人びとは，「いま，この瞬間」を生きている。しかし，正しい言葉使いや許される行為が大変複雑であるため，常に誤りを犯すのではないか，という不安・恐怖とともに暮らしているという。
　そこでベイトソンは，バリの生き方に倣いつつも，不安・恐怖ではなく，希望をベースにした「いま，この瞬間」の生き方を提案する。それは，「自分は何か良きことに関わっている」という確信のもとに目の前のことに集中し，「希望のステップ」を踏み続ける生き方である。

> **【いま，この瞬間を生き抜く】**
> 　世紀の大発見や，いまだかつて書かれたことのない完璧なソネットが，いまにも自分を訪れるかのような気持ちにひたって仕事に打ち込む科学者や芸術家のように生きる，ということである。あるいは，わが子が将来，偉大さと幸福さを兼ねそなえた，限りなく不可能に近い人生を歩むことを，本心に願って手を尽くす母親のように生きる。
> 　（同上：254.）

「希望のステップを踏み続ける」生き方に対して，
あらためて私たちの社会システムを見なおすと，どうだろう？

> **【協同社会と競争社会】**
> 　協同社会では個人個人はお互いに助け合い，全員への帰属感覚が生まれる。一方，競争社会では地位，財産，暴力が強調される。…［協同社会の］構成員がたまたま気高く生まれついているからではなく，協同作業こそが全員に何らかの形で自己実現化を達成させる道であるという常識ゆえに，協同作業が行われるのだ。
> 　（Willson, C., 1972＝1979『至高体験』河出書房新社：166-167.）

第7章 依存症の世界

本章のまとめ

かつて人びとが互いに助け合い，ともに物事を達成する共同体が存在した。現代社会では，金銭，名声，地位，権力が強調され，必然的に依存症者が生まれる。しかし，依存症は個人の資質のせいにされ，社会的サポートも十分ではない。

Book Guide ブックガイド

📖『アルコホリズムの社会学——アディクションと近代』
野口裕二, 日本評論社, 1996

★社会学から依存症にアプローチした先駆的な基本書。学術書ですが非常にわかりやすく, かつ斬新な視点がふんだんに盛り込まれています。

📖『嗜癖する社会』
Schaef, A. W., 1987, *When Society becomes an Addict*, Harpercollins.
シェフ, 齊藤学監訳, 誠信書房, 1993

★社会システム全体が依存問題を生み出すことを述べた, 数少ない本。絶版で入手しにくいかもしれませんが, 社会システムの観点から依存症を理解できます。

📖『ダルクの日々—— 薬物依存者たちの生活と人生(ライフ)』
ダルク研究会編, 知玄舎, 2013

★薬物依存からの回復支援施設ダルクの入寮経験者14名のライフストーリー集。彼らがこれまでどのように生きてきて, ダルクでどのように暮らしているのか。私も4人の方へのインタビューを担当・執筆しています。

📖『拘置所のタンポポ—— 薬物依存 再生への道』
近藤恒夫, 双葉社, 2009

★回復支援施設ダルクの創設者である近藤恒夫さんが, 自らの経験を語ります。薬物依存の当事者として, 人はなぜ薬物を使ってしまうのか, 依存症に対して何をなすべきかを教えてくれます。

📖『その後の不自由——「嵐」のあとを生きる人たち』
上岡陽江・大嶋栄子, 医学書院, 2010

★すごい本です。生き延びるために薬物やアルコールを使ってきた女性たちが, それらをやめた後にどのような不自由を生きているのか。依存問題に限らず, 生きづらさを抱えるたくさんの女性にとって発見があるはずです。この本を読んで, まるで自分の経験が書かれているように感じる女性は少なくないのではないでしょうか。よくわからないけど苦しい日々を送っている女性におすすめします。「回復というのは, 他人を優先していたことが『自分を真ん中にして考える』ことへと変わっていくことです」(同上: 18.)。男性にもおすすめします。

📖『自分を傷つけずにいられない—— 自傷から回復するためのヒント』
松本俊彦, 講談社, 2015

★自傷してしまう自分をどうしたらよいかが, わかりやすく書かれています。

📖『共依存症—— 心のレッスン』
Melody, B., 2009, *The New Codependency: Help and Guidance for Today's Generation,* Simon & Schuster.
メロディ, 村山久美子訳, 講談社, 2011

★共依存の基本書。共依存の当事者であり, 執筆もしてきた著者が, 自分の著書や自身の変化などを振り返り, 共依存を深く考察しています。

Column ── **ナカムラ・コラム** ──

12ステップのメッセージ〜自己を超えた存在への想像力〜

　12ステップには，「自分なりに理解した神」という言葉が出てきます。日本で暮らす私たちにとって，"神"という言葉は，すんなりとは受け入れ難いのではないでしょうか。実際に，私自身，初めてＡＡのパンフレットを手にした時も，ＡＡの12ステップを知った時も，"神"という言葉の前で立ち止まってしまいました。
　しかしＡＡでいうところの神とは，宗教的な意味での"神"ではありません。自己を超えたところにある大きな力，という意味で理解してもらうとよいと思います。
　まず，12ステップ・プログラムとは，依存症からの回復プログラム以外の何物でもありません。そして，この12ステップ・プログラムの主眼は，一言で言うと「自己コントロールの放棄」にあります。
　〈意識としての自己〉が身体や環境を支配する，私たちはそのような〈自己〉を日々生きています。気づけばいつも何かをコントロールしようとしていませんか。不安，恐れ，欲望などが私たちの心を支配するとき，不安を解消するために，痛みを消し去るために，恐れを追いやるために，欲望を満たすために，私たちは自己や他者，身体や環境をコントロールしようとします。
　そして，そうした〈自己〉のあり方こそが苦しみや依存の問題を生んでいると，12ステップ・プログラムでは考えるのです。たとえば，もっとやる気を出すために，つらい気持ちを消すためにアルコールや薬物の力を借りようとします。孤独を恐れる人は，周囲の誰かが自分から離れないように他者をコントロールするかもしれません。
　しかし本来〈自己〉には，身体を持つ自分や他者，自己をとりまく環境をコントロールする力などありません。だからＡＡでは，まず自分の無力を受け入れます。そして，それまで世界の中心だと思い込んでいた〈自己〉を，〈自己を超えたところにある大きな力〉にあずけます。このことによって，〈自己〉と自己以外のものの間のコントロールをめぐる闘いがなくなり，私たちは安らかな気持ちを取り戻すことができます。12ステップとはそうしたプログラムなのです。
　私は12ステップ・プログラムを自分では実際に実践していないので，十全には理解できていません。しかしそこには，現代社会を生きる私たちが自然にとってしまう行動を見なおすメッセージがあふれており，学ぶことがたくさんあります。

The Sociology Drill Book
第8章
権力

　「権力」とは,一般的に「他人を抑えつけ支配する力」と理解されています。これも権力のひとつですが,社会学ではさらに多様な種類の権力を学びます。たとえば,私たちは時に自ら進んで他人の支配を受け入れます。そして,つねに自分自身を監視し,自らを律して暮らしています。

　時代や社会による権力のあり方の変容と,私たちの身近に存在する多様な権力を理解することで,自分が決めた行動や自分の考えすら,時に権力の影響を受けていることがわかります。

　権力について学ぶことは,社会だけでなく,私たち個人の理解にも通じます。

≪ 本章のトピック ≫
1. 社会学における権力論
2. 私たちをとりまく権力
3. 権力作用としての差別

> 日常のさまざまな失敗感覚から,私たちはどのように脱出できるのか。引き続き,第12章（構築主義と心理療法）で学びます。

1. 社会学における権力論

1.1 ヴェーバー[1]の権力論

▶ ヴェーバーの支配の3類型[2]：

「権力」：ある社会的関係の内部で「抵抗を排してまで自己の意志を貫徹」しようとするすべての可能性。この可能性が何にもとづくかは問われない。

「支配」：ある内容の命令を下した場合，特定の人びとの服従が得られる可能性。

「規律」：ある命令を下した場合，習慣となった態度によって，特定の多数の人びとの「敏速な自動的機械的な服従」が得られる可能性。

ヴェーバーは，権力を振るう側，支配する側だけではなく，
権力に従う側の「服従意欲」に着目した。
では，人びとが正当なものと受け入れ，
服従するのはどのような支配なのか？
支配の正当性（根拠）として，ヴェーバーは3つの類型を提示した[3]。

---

① a.

合法とされる支配。個人による支配ではなく，成員はその集団の法や規則に服従する。
「成文化された秩序の合法性，およびこの秩序によって支配をおよぼす権限をあたえられた者の命令権の合法性にたいする信念にもとづく」
　例）官僚制，国家や組織の命令系統

② b.

伝統とされる支配。王，年長者，家長などの支配者が集団を統率し，成員はそれに服従する。
「古くよりおこなわれてきた伝統の神聖や，それによって権威をあたえられた者の正統性にたいする日常的信念にもとづく」
　例）長老制，家父長制

---

1 M. Weber, 1864～1920, ドイツの思想家，社会学者. 著書に『プロテスタンティズムの倫理と資本主義の精神』『経済と社会』など.
2 Weber, M., 1922=1972『社会学の根本概念』岩波文庫：86を参照した.
3 Weber, M., [1924] 1947= [1988] 2012『権力と支配』講談社学術文庫：30を参照，引用した.

③ c.

傑出した個人(カリスマ)による支配。預言者や軍事的英雄などへの服従。
「ある人物およびかれによって啓示されるか制定された秩序のもつ，神聖さとか超人的な力とかあるいは模範的資質への非日常的な帰依にもとづく」
　例）ローマ皇帝，ナポレオンなど，独裁者による帝国支配

▶ **歴史上の支配の変遷：**

ヴェーバーはカリスマ的支配を支配の原型と考えた。そこでは人びとは自らの意志で自発的に服従する。

1.2　フーコーの権力論

▶ **身体刑の消滅：「華々しい身体刑」から「地味な監視へ」**

哲学者フーコーは，19世紀になると見世物としての刑罰が消滅し，苦痛を伴う身体刑がなくなるなど，刑罰の方法が大きく変化したと指摘する。

**1757年の「国王殺害者であるダミヤンの処刑」と
1830年代の「パリ少年感化院でなされる刑」を比較すると，
刑罰を定める権力の側に，短い期間に大きな変化が生じたことがわかる。**

【1757年国王殺害者であるダミヤンの処刑】
　1757年3月2日，ダミヤンにたいしてつぎの有罪判決が下された。「手に重さ二斤の熱した蠟製松明をもち，下着一枚の姿で，パリのノートルダム大寺院の正面大扉のまえに死刑因護送車によって連れてこられ，公衆に謝罪すべし」，つぎに，「上記の護送車にてグレーヴ広場へはこびこまれたのち，そこへ設置される処刑台のうえで，胸，腕，腿，脹らはぎを灼熱したやっとこで懲らしめ，その右手は，国王殺害を犯したさいの短刀を握らせたまま，硫黄の火で焼かれるべし，ついで，やっとこで懲らしめた箇所へ，溶かした鉛，煮えたぎる油，焼けつく松脂，蠟と硫黄との溶解物を浴びせかけ，さらに，体は四頭の馬に四裂きにさせたうえ，手足と体は焼きつくして，その灰はまき散らすべし」。
（Foucault, M., 1975＝1977『監獄の誕生』新潮社：9.）

約75年(四分の三世紀)の間に，身体刑が消滅する。

> 【1830年代パリ少年感化院の刑罰】
> 　第17条。在院者の日課は，冬期は午前6時，夏期は午前5時に始まるものとする。労働時間は季節をとわず1日9時間とする。1日2時間は教化にあてる。労働ならびに日課は，冬期は午後9時，夏期は午後8時に終了するものとする。
> 　第18条。起床。太鼓の第一の響きによって，在院者は静かに起床し着衣すべし，そのあいだに看守は独房の戸をあけるものとする。第二の響きによって，在院者は寝床から降りて寝具を整頓すべし。第三の合図で，朝の祈りがおこなわれる礼拝堂へ行くため整列すべし。それぞれの合図は5分間隔とする。
> （Foucault, M., 1975=1977『監獄の誕生』新潮社：11.）

▶ d. ：

　フーコーの用語。自発的に自分自身を監視し，律するような種類の権力を指す。規律を訓練され，服従させられる「従順な」身体を造り出す。規律・訓練型の権力は17〜18世紀に普及し，人びとにも徐々に受け入れられるようになった。

> 【規律・訓練型権力】
> 　規律型の権力に慣らされた人間は，身体の細部に至るまで生産性を高める訓練を受け，その意味では高い能力を身につける。だがそれと同時に，命令への服従，秩序への半ば無意識の従属を受け容れている。上官のかけ声一つで定型化された動作をくり返す兵士，教室で一心不乱にノートをとる生徒，私語もなく流れ作業に従事する労働者などを思い浮かべるとよい。
> （重田園江，2011『ミッシェル・フーコー』ちくま新書：106.）

私たちは，どのようにして自分で自分を律するようになるのか。

▶ e. ：

　一望監視システムを指す。18世紀末に哲学者ベンサム[4]が理想の刑務所として設計した建築物の構造。中央に監視塔があり，その周囲を独房が取り囲む。監視塔からはすべての独房の内部が見渡せるが，独房からは監視塔の内部が見えない構造であるため，監視塔に監視者がいなくても囚人にはわからず，つねに監視されていると想定して囚人たちは自分の行動を律するようになる。フーコーは，このシステムは規律・訓練型の権力の構造を体現していると考え，パノプティコンの主要な効果について次のように述べる（図8.1〜図8.3）。

---

[4] J. Bentham, 1748〜1832, イギリスの哲学者. 著書に『道徳および立法の諸原理序説』など．

第8章　権力

【パノプティコンの効果】
　権力の自動的な作用を確保する可視性への永続的な自覚状態を、閉じ込められる者にうえつけること。監視が…永続的であるように…権力が完璧になったためその行使の現実性が無用になる…ように、…閉じ込められる者が自らがその維持者たる或る権力的状況のなかに組み込まれるように、そういう措置をとろう、というのである。…囚人が自分は監視されていると知っているのが肝心…であり、他方…囚人は現実には監視される必要がない。
（Foucault, M., 1975＝1977『監獄の誕生』新潮社：203.）

図8.1　〈少年教護院〉監獄

図8.2　ステイトヴィル懲治監獄の内部

図8.3　N・アルー＝ロマン『懲治監獄の計画』(1840)
被拘禁者は自分の独房のなかで、中央の監視塔にむかって祈りをささげている。
（出典）Foucault, M., 1975＝1977, 田村俶訳『監獄の誕生』新潮社：口絵.

▶ **規律・訓練型の権力の5つの操作**[5]：

① **f.**

人びとの個々の行動・成績・行状を比較し，区分する。

② **g.**

個々人を相互に比較して，全般的な規則との関連で差異化する。

③ **h.**

個々人の能力・水準・性質を量として測定し，高い順に階層の序列をつける。ランクづけ。

④ **i.**

規格に適合するよう束縛して，質を同じにする。

⑤ **j.**

外的な境界を定め，規格外のものを排除する。

**規律・訓練型の権力は，学校，会社，病院，施設など，
私たちが多くの時間を過ごす，あらゆる場で行使される。
だが，私たちは権力に支配されるだけではない。**

　フーコーによる規律・訓練型権力の強調は，個人を権力に抵抗できない受動的な存在として描きすぎるという批判がある。これに対して，フーコーは「これまで私はあまりにも支配と権力のテクノロジーに力点を置きすぎたかもしれない」[6]と述べ，自己のテクノロジーの研究へと向かった。

> 【自己のテクノロジーの研究】
> 　［自己のテクノロジーとは］個々人が，自分自身によって，自らの身体，自らの魂，自らの思考，自らの行動にいくつかの操作を加えながら，自らのうちに変容をもたらし，完成や幸福や純粋さや超自然的な力などのある一定の段階に達することを可能にする，そうした技術です。
> 　（Foucault, M.,1981＝2001『ミシェル・フーコー思考集成Ⅷ』筑摩書房: 383）

---

[5] Foucault, M., 1975＝1977『監獄の誕生』新潮社: 186を参照した。
[6] Martin, L. H., Gutman, H. & P. H. Hutton, 1988＝2004『自己のテクノロジー』岩波現代文庫: 20.

2. 私たちをとりまく権力

2.1 伝統的権力と近代的権力[7]

▶ 伝統的権力：

　一般的には「支配者が被支配者に加える強制力」(『広辞苑』)と定義される。歴史的には，国家や教会などが権力の主体として姿を現し，個人を制限，禁止，威圧，強制することを指す。

　「制度化された道徳判断システムを通して社会統制を確立する。このシステムは，国家や，国家制度に指定された代理者によって遂行される。道徳的価値の付与を達成しようとする向上心を人々に教え込む」

▶ 近代的権力：

　伝統的権力と異なり，権力の主体が見えなくなる。「規格化する判断」，すなわち能力等にもとづく個々人の階層秩序化(ランクづけ)，正常／異常の差異化などが浸透し，人びとは自己と他者を比較・区分したり，評価しあう。

　「規格化する判断のシステムを通して社会統制を確立する。このシステムは，人々が自らの人生や互いの人生の評価をすることによって遂行される。規範的な価値の付与を達成しようとする向上心を人々に教え込む」

> 【個人的失敗の劇的増加】
> 　個人的失敗という現象の劇的増加は，「規格化する判断」(normalizing judgement)と言われるものを通じた効果的な社会統制システムを確立した，きわめて近代的な権力の登場と対応している。
> 　(White, M., 2004=2007『ナラティヴ・プラクティスとエキゾチックな人生』金剛出版：168.)

**「規格化する判断」という権力を通して，
私たちは，絶えず理想と現実のギャップを埋めるよう駆り立てられる。
同時に，他者をランクづけ，時に排除する。**

----

[7] White, M., 2004=2007『ナラティヴ・プラクティスとエキゾチックな人生』金剛出版：168-170を参照，引用した．

2.2 見えない権力:新しい権力の出現

▶ **k.** _____:

　人びとの内面に規範＝規律を植えつけるような権力を指す。ある行動についての良し悪しの判断などの価値観の共有を原理とする。

　例）カフェの経営者が客の回転率をあげたい時に，どのようなことができるか。

　客たちには「長居してはいけない」という暗黙の規範（守るべきルール）がある。それを知りつつ長居する客に，どのように催促して店を出てもらうか。

▶ **l.** _____:

　人びとの行動を物理的に制限する権力を指す。多様な価値観の共存を認める。

　例）客に気づかれないように，居づらくなる環境をつくる。硬いイスに変えたり夏は冷房を強めると，客はしぜんに店を出ていく。

　「硬いイスには大義がない。正統性もない。それはただ硬いだけです。…環境管理型権力は，考えても仕方がないことだ，と人に思わせる」[8]

**私たちは気づかないうちに，規範を内面化して行動する。
身体に作用して自然と移動したり，「自分はだめだ」と思う私たち。
私たちは，自覚しないまま権力にコントロールされている。**

---

3. 権力作用としての差別

3.1 関係性のなかの権力

▶ スティグマ(stigma)：

m. _____

　他者・集団・社会から特定の個人に押される。もとは奴隷や犯罪者の身体に印された刺青などを指す。

　社会学者のゴフマン[9]は『スティグマの社会学』の中で，関係性を表現する言葉としてスティグマを用いた。つまり，犯罪は一般社会では負の烙印を押されるが，犯罪者仲間の世

---

[8] 東浩紀・大澤真幸, 2003『自由を考える』NHKブックス: 45.
[9] E, Goffman, 1922〜1982. アメリカの社会学者. 著書に『アサイラム』『スティグマの社会学』など.

界では英雄視されるなど，周囲との関係性のなかで，ある特性の意味合いが逆転する。
「（スティグマは）人の信頼をひどく失わせるような属性をいい表すために用いられるが，本当に必要なのは明らかに，属性ではなくて関係を表現する言葉なのだ」[10]

例）服役した暴力団員は仲間から尊敬される

▶ スケープゴート（scape goat）：
n.

不満や憎悪をほかの対象にそらすため，または何かの問題の責任を代わりに負わされる。もとは「追放されたヤギ」を指す。社会集団に生じる問題や困難の原因として，特定の個人や少数者を攻撃・排除することで，集団が結束し，安定する。後年，排除した側が罪に問われることもある。

例）中世キリスト教社会の魔女狩り，ナチスドイツによるユダヤ人排除

**何が差別の対象となるかは，関係性のなかで決められる。
私たちは権力作用を受け入れるだけでなく，
正常／異常などの区分を自己や他者にあてはめ，排除することがある。**

本章のまとめ

**見えない権力は，日常の場に網の目のように張りめぐらされ，
人びとの身体や精神，知識などに浸透し，服従への欲望や快楽を生む。
私たちはつねに権力にとりまかれているが，
権力を理解することで，それを自覚し対抗することもできる。**

---

[10] Goffman, E., 1963＝2012『スティグマの社会学　改訂版』せりか書房：16.

Book Guide　　　ブックガイド　　　8

📖『ミシェル・フーコー——近代を裏から読む』
重田園江, ちくま新書, 2011
★フーコーの入門書です。規律権力についても説明されています。

📖『差別原論——〈わたし〉のなかの権力とつきあう』
好井裕明, 平凡社新書, 2007
★わかりやすく差別や権力全般を理解できます。本書では，差別を「してはいけないこと」とせず，「してしまうもの」とし「あってはならないと思うが，そのためには，何をどのようにし続けたらいいか」を考えていくスタンスがとられています。

📖『ナラティヴ・プラクティスとエキゾチックな人生——日常生活における多様性の掘り起こし』
White, M., 2004, *Narrative Practice and Exotic Lives: Resurrecting Diversity in Everyday Life*, Dulwich Centre Publications.
ホワイト, 小森康永監訳, 金剛出版, 2007
★現代の権力を考察した専門書です。セラピーの事例がたくさん載っています。初学者向けとはいえませんが，個々人が近代的権力からどのように解放されていくのか，その一端を理解することができます。

The Sociology Drill Book

第 9 章
儀礼と自己

　どのような社会にも儀礼があり，人びとは神を祀る儀礼等を通じて連帯していました。現代社会では，伝統的な儀礼は少なくなっています。
　神や仏など超越的な存在を祀る儀礼が減る一方で，個々の人間の尊厳は高まってきました。私たちは互いの尊厳を尊重し合うよう求められるなかで，他者に配慮しながら，同時に，自己の尊厳を守るために自己の価値を高めようと躍起になっています。
　本章では，儀礼を学んだ上で，現代社会における自己のあり方を探ります。

≪ 本章のトピック ≫
1. 儀礼とは何か
2. さまざまな儀礼
3. 現代の儀礼
4. 自己をめぐる社会学

1. 儀礼とは何か

1.1 伝統社会の儀礼
▶ **儀礼(ritual)：**
a.

　一般的には，宗教的な儀式や，一定の形式にのっとった礼式を指す。広義には，ある社会の文化・宗教が形式的行動を定め，成員に連帯感や重要事を強く刻み込むこと．

▶ **通過儀礼(rite of passage)：**
b.

　誕生から死まで，居住地，年齢，社会的地位等の変化に伴う儀礼を指す。
　人類学者ヘネップ[1]が，『通過儀礼』(1909年)のなかで初めて定義づけた。

> 【ヘネップによる通過儀礼】
> 　ある個人の一生は，誕生，社会的成熟，結婚，父親になること，あるいは階級の上昇，職業上の専門化および死といったような，終わりがすなわち始めとなるような一連の階梯からなっているのである。これらの区切りの一つ一つについて儀式が存在するが，その目的とするところは同じである。つまり，個人をある特定のステータスから，やはり特定の別のステータスへと通過させることに目的がある。
> 　(Gennep, A. V, 1909＝2012『通過儀礼』岩波文庫: 14.)

▶ **原初社会における通過儀礼：**

　原初の共同体では，刺青・闘争・猛獣の狩り・抜歯など，身体的な苦痛や危険を伴う通過儀礼が行われていた(儀礼的虐待)。その目的は，成人としての能力・覚悟があると証明することにあった。

1.2 儀礼的行為
▶ **ある行為が儀礼に見える条件とは：**

　儀礼的行為とは「ある状況で必ず行われねばならないとされていながら，当の状況とのつながりがほとんど見て取れないような一連の行為」[2]とされる。

---

[1] A. V. Gennep, 1873〜1957, フランスの文化人類学者・民俗学者．著書に『通過儀礼』など．Gennep, A. V, 1909＝2012『通過儀礼』岩波文庫を参照した．
[2] 浜本満, 2001『秩序の方法』弘文堂: 66.

第9章 儀礼と自己

> **【儀礼の唐突さ】**
> 呼ばれて三度目に返事をすることも，木に登ろうとすることも，行為自体としては別に特別な性格をもつ行為ではない。問題はそれらが，まさに死者の埋葬後のこの日に寡婦（あるいは男やもめ）によって行われねばならないという事実のもつ唐突さである。
> （浜本満，2001『秩序の方法』弘文堂: 66.）

2. さまざまな儀礼

2.1 ヘネップの3つの儀礼類型

▶ **c.** ：

個人をある状態から分離するための儀礼。
　例）死者の葬儀，若者の旅立ち，妊娠した女性を産屋に隔離する，一時的に食べ物を絶つ，ベールで顔を隠す，名前を変える，意地悪をされる，何かを切る等の象徴的な行為を伴う。

▶ **d.** ：

個人を集団やある状態から分離して，一時的に別の状態におくための儀礼。禁忌（タブー）やその解除を伴う。
　例）妊娠や婚約の儀式，即位式。本人は一定期間，地に足をつけることを禁じられ，聖俗どちらでもない中間の世界に留まる。

▶ **e.** ：

個人が新たに迎え入れられ，その社会に統合されるための儀礼。
　例）結婚のさまざまな儀式。指輪の交換，同じ杯で酒を飲む，並んで着席するなど。

2.2 デュルケム[3]の宗教生活の儀礼類型[4]

社会学者デュルケムは，『宗教生活の基本形態』（1912年）で宗教生活の儀礼を類型化した。

---

[3] É. Durkheim, 1858〜1917, フランスの社会学者. 著書に『社会分業論』『社会学的方法の基準』など.
[4] Durkheim, É., 1912＝2014『宗教生活の基本形態（上・下）』ちくま学芸文庫，梶尾直樹，1991「儀礼類型論と供犠の優越性」『東京大学宗教学年報』Ⅷ: 21-35 (http://repository.dl.itc.u-tokyo.ac.jp/dspace/bitstream/2261/26159/1/rel00802.pdf, 2016.2.14) を参照した.

▶ **f.   ：禁忌・タブー**

「聖なるもの」との接触の禁忌。「〜するな」という消極的な禁止命令。神聖なものに触れる，見る，話す，聖域に立ち入ることなどを禁止する。
　例）食のタブー，ケガレ，女人禁制

▶ **g.   ：供儀**

「聖なるもの」との接触の肯定。「〜せよ」という積極的な行為命令。神へ贈物を供えるなど。
　例）生贄，供物，聖地への巡礼。

▶ **h.   ：**

「聖なるもの」である死者への償い。禁忌・否定と肯定の両方の命令。災害や不運に立ち向かい，嘆くことを目的とする。
　例）服喪，死者の名の禁忌，日常活動の禁止，互いを傷つけ自傷するなど。

儀式によって「聖なるもの」を感じる感覚が
社会成員に共有され，人びとは連帯する。
では，私たちの社会の「聖なるもの」とは何か。
それを守る儀礼は，どのように行われているのか。

---

3. 現代の儀礼

3.1 現代社会における「聖なるもの」

▶ **聖なる個人とは：**

　デュルケムによれば，社会が複雑化し分業が進んでいくと個人は多様化し，社会成員間に「人間であるということ以外にもはや共通の要素がなに一つ共有されないような時期がやってくる」[5]。人びとは人格という唯一残された共通のものに，大きな価値を与えるようになる。

---

[5] Durkheim, É, [1897] 1960＝1985『自殺論』中公文庫: 425.

> 【神となった個人】
> 　個人は，宗教性をおびてきた。人は，人びとにたいして一個の神となった。したがって，人にたいしてくわえられる侵犯は，われわれにとってすべて神の冒瀆という結果を生む。
> 　(Durkheim, É, [1897] 1960=1985『自殺論』中公文庫: 421.)

▶ i.

デュルケムの概念。個々人が相互に相手の人格を讃え，敬意を表し，尊厳を傷つけないよう配慮しあうこと。

現代の社会成員にとって「聖なるもの」は「個人」である。
個人の尊厳を傷つけず，敬意を表する儀礼にはどのようなものがあるか。

3.2 儀礼としての相互行為

社会学者のゴフマンは，『儀礼としての相互行為』(1967年)で日常生活のさまざまな場面を，儀礼という観点から詳しく描いた。

▶ j.

儀礼として無関心を装う。礼儀作法のひとつ。
例）相手をじろじろと見ない。有名人や障害者に気づいても見ないふりをする。

> 【無関心を装う礼儀作法】
> 　相手をちらっと見ることは見るが，その時の表情は相手の存在を認識したことを…表す程度にとどめる…そして，次の瞬間にすぐに視線をそらし，相手に対して特別の好奇心や特別の意図がないことを示す。
> 　(Goffman, E., 1963=1980『集まりの構造』誠信書房: 94.)

▶ 儀礼的ルールと精神障害：

相互作用の儀礼的ルールを侵害する程度が高まると，精神障害と見なされる。
「対面での相互行為という行為のためにつくられたもろもろのルールを…守ることができない行為が精神病的行為である」[6]

---

[6] Goffman, E., 1967=2002『儀礼としての相互行為〈新訳版〉』法政大学出版局: 146.

▶ **儀礼侵害への刑罰：**

現代社会では，個人の人格を侵害する殺人罪は重く罰せられる。

**何が「精神障害」と見なされるか，
同じ犯罪行為にどの程度の刑罰が下されるかは，
社会，時代，環境によって異なる。**

4. 自己をめぐる社会学

4.1 相互作用が形成する自己

▶ **対話する自己：**

k.　　　　　　　　：社会から求められる役割や規範を受け入れる自己

l.　　　　　　　　：自己に対してそれぞれの個性で反応する主たる自我

哲学者ミード[7]は，自己とは，MeとIの対話のプロセスで形成されると考えた。

▶ **演じる自己：**

ゴフマンは，「真実の私」が性格（パーソナリティ）や内面にあると見なす心理学的見方に対して，自己とは個人の相互行為全体から生み出されると考えた。自己とは行為や考えの源泉ではなく，他者と関わる場面において演じられた「結果」であって，社会的相互作用のなかで構成される。

m.　　　　　　　　　　　　　　　　　　　　　　　　　　　　　　：

ゴフマンの概念。好感や嫌悪感など他者に与える印象を操作するため，自己の言動をコントロールすることを指す。無意識のうちに行うこともある。

> 【計算された自己表出】
> ときにエゴは徹底的に計算づくで行為し，ただただ相手から得たいと腐心している特定の反応を喚起する可能性の高い印象を与えるためにのみ，ある特定の仕方で自己自身を表出する。…自分がそうしていることに割合気づいていないことがある。
> （Goffman, E., 1959＝1974『行為と演技』誠信書房: 7.）

---

[7] G. H. Mead, 1863～1931, アメリカの社会心理学者・哲学者. 著書に『精神・自我・社会』など.

第9章 儀礼と自己

▶ **自己の再帰性**：

　再帰性とは，実際の営みが，まさしくその営みに関して新たに得た情報によってつねに吟味，改善され，その結果，その営み自体の特性を本質的に変えていくことを指す。
　社会学者のギデンズ[8]は，近代社会の自己を「再帰性」の観点から次のように考えた。

n.　　　　　　　　　　　　　　　　　　　　　　　　　　　　　　：

　つねに自らを振り返り，改めようとする（再帰する）自己を指す。伝統社会では，人びとは伝統や慣習に従うのが当たり前であった。しかし近代社会を生きる個人は，それらから解放される代わりに，絶えず自分を点検し，次のふるまいを選択しなければならない。

**現代社会では，人びとは自己が「神聖で尊厳ある存在」であることを
さまざまな手段を用いて証明しなければならない。**

4.2　自己の存在証明[9]

　存在証明とは，自己が価値ある存在であることを確認し，証明しようとする行為・生き方を指す（第6章）。その方法には以下の3つがある。

▶ **存在証明の3つの方法**：

o.　　　　　　　　　　　　　：**集団に所属して自己の価値を支える**

　例）個人が所属する学校，会社，国家，民族など

p.　　　　　　　　　　　　　　　：**業績によって自己の価値を支える**

　例）個人が能力を発揮する仕事，勉強，運動，美しさなど

q.　　　　　　　　　　　　：**他者との関係によって自己の価値を支える**

　例）個人が他者から必要とされる，期待される，愛されるなど

---

[8] A. Giddens, 1938〜，イギリスの社会学者．著書に『モダニティと自己アイデンティティ』『親密性の変容』『近代とはいかなる時代か？』など．
[9] 石川准, 1999『人はなぜ認められたいのか』旬報社：59を参照した．

> **【権力闘争としての存在証明】**
> 　人に受け入れてもらうために存在証明に励むというまとめ方は綺麗すぎると僕は思っています。…人は君臨し支配するためにも自分が特別な存在だということを証明しようとしているように思われます。存在証明は権力闘争でもあるのです。
> 　（石川准, 1999『人はなぜ認められたいのか』旬報社：64.）

本章のまとめ

個人が神聖化される現在，
私たちは絶えず儀礼としての相互行為をしている。
他方で，個々人もまだ自己の価値を支えるために，
いろいろなものにすがっている。
自己は，社会との相互作用のなかで形成される。

Book Guide ブックガイド

📖 **『社会学になにができるか』**
奥村隆, 八千代出版, 1997
★私が学生時代に読んだテキストです。奥村先生の儀礼論「儀礼論に何ができるか──小さな秩序・大きな秩序」（同書77-113頁）が面白かったので，参考にさせていただきながら講義をしてきました。本章の執筆時にも参照しました。

📖 **『プライドの社会学──自己をデザインする夢』**
奥井智之, 筑摩書房, 2013
★人間はプライドをもたざるをえない存在であり，それはよくも悪くも私たちにつきまといます。プライドを保ちたい私たちの姿と葛藤が，自己，容姿，学歴などさまざまなトピックから描かれています。

📖 **『自己論を学ぶ人のために』**
Eliott, A. 2008, *Concepts of the Self by Anthony Eliott*, Polity Press.
エリオット, 片桐雅隆・森真一訳, 世界思想社, 2008
★自己をめぐる社会学のこれまでの学術的な議論がていねいにまとめられています。本章で取り上げることができなかった論者の自己論もしっかりと学べます。

The Sociology Drill Book
第 10 章
自殺

　現代社会の自殺の現状は，最新の自殺の統計データから把握することができます。おそらくそこから，自殺についての私たちのイメージと現実の動向のギャップが見えてくるでしょう。
　自殺は，社会学という学問が誕生してすぐに研究対象にされました。そこで，この章では社会学者デュルケムの自殺論を学びます。
　その上で，現代の自殺理論から，人はどのような時に自殺へ追いやられ，どのような社会環境が整えば自殺を予防できるかを考察します。

≪ 本章のトピック ≫
1. データで読む現代日本の自殺
2. 社会学における自殺論
3. 現代の自殺理論

1. データで読む現代日本の自殺

1.1 自殺に対する私たちのイメージ

▶ **自殺のイメージ**：以下の当てはまる方を○で囲む：

> 男性が多い　　女性が多い
> 若者が多い　　中高年が多い
> 就労者が多い　無職者が多い
> 健康な人が多い　病気の人が多い
> 交通事故死者の方が多い　自殺者の方が多い

▶ **自殺の原因として考えられることは何か（自由に記述）**：

_____
_____
_____

1.2 自殺の統計

▶ **データを読んで，自分のイメージと比較する**：

自殺者数の推移（全体，性別，年齢階級別，職業別，原因・動機別，配偶関係別）
自殺死亡率の推移，最新年の自殺状況　など
厚生労働省「自殺対策白書」[1]を読み込んだ上で，現状を確認する。

_____
_____
_____
_____
_____

---

[1] インターネットで毎年最新データを閲覧できる．「平成28年度版自殺対策白書」2016年11月時点．(http://www.mhlw.go.jp/wp/hakusyo/jisatsu/16/index.html, 2016.12.3)

2. 社会学における自殺論

2.1 社会学の2つの方法論

▶ **社会学の方法論とは：**

社会学には，社会現象を考察する際に，「個人」に着目して説明する方法と，「社会」に着目して説明する方法がある。

a. _____：

ヴェーバーの社会学の方法論的立場。個人を重視する社会理論では，社会を諸個人の行為の集積と見なす。

b. _____：

デュルケムの社会学の方法論的立場。社会を重視する社会理論では，社会を諸個人の行為の総和以上のものと見なす。

このほかに，個人と社会の「相互作用」に着目する，ジンメル[2]の社会学の方法論的関係主義もある。

▶ **社会的事実とは：**

c. _____

デュルケムの概念。個人に外在し（外在性），強制力を持つ（拘束性）。デュルケムは社会的事実を，客観的に「物のように」分析することを社会学の課題とした。

**デュルケムは，社会は個人に還元できないとする立場から
自殺を考察した。自殺論の歴史は，社会学の起源にさかのぼる。**

2.2 デュルケムの自殺論

▶ **デュルケムによる自殺の定義：**

「死が，当人自身によってなされた積極的，消極的な行為から直接，間接に生じる結果であり，しかも，当人がその結果の生じうることを予知していた場合」[3]自殺と定義される。

---

[2] G. Simmel, 1858〜1918, ドイツの社会学者. 著書に『社会学の根本問題』など.
[3] Durkheim, É, [1897]1960=1985『自殺論』中公文庫: 22. デュルケムが『自殺論』を刊行したのは1897年, 39歳の時であった.

▶ **デュルケムの問い：**

d. _____

　自殺は個人の心理や行為に還元できない社会的事実であり，その傾向を客観的に観察できる。

▶ **デュルケムが着目した点：**

e. _____

　自殺の原因には経済苦や病苦などの個人的な困難や，さまざまな心理的な苦しみを想定しがちだ。しかし，デュルケムは自殺の社会的要因を探究した。

2.3　デュルケムが着目した統計データ

▶ **①自殺と宗教：**

　プロテスタントの自殺率はカトリックの自殺率よりはるかに高い。しかし，2つの宗教体系はいずれもはっきりと自殺を禁じている。つまり，自殺率は，宗教の教義とは関係がない。

> 【教義ではなく，宗教にもとづく集合的生活が自殺を抑止する】
>
> 　両者とも，自殺をとくにきびしい道徳的な処罰の対象としているばかりではなく，ひとしく，来世では新しい生が始まり，そこでは人間は現世の悪業によって罰せられる，と説いている。そして，プロテスタンティズムも，カトリシズムとまったく同様，自殺をこの悪行の一つに数えているのである(Durkheim, É., [1897] 1960＝1985『自殺論』中公文庫: 179.)
>
> 　宗教が人びとを自己破壊への欲求から守ってくれるのは，宗教が一種独特の論理で人格尊重を説くからではなく，宗教がひとつの社会だからなのである。その社会を構成しているのが，すべての信者に共通の，伝統的な，またそれだけに強制的な，一定の信仰と儀礼の存在にほかならない。そのような集合的状態が多ければ多いほど，また強ければ強いほど，宗教的共同体は緊密に統合されているわけで，それだけ自殺を抑止する力も強いことになる。…プロテスタントの教会が，他の教会ほど自殺の抑止作用をもたない理由は，それが他の教会ほどこの緊密性をもっていないことにもとめられる。(同上: 196-197.)

**なぜプロテスタントとカトリックの自殺率は異なるのか。
カトリックはプロテスタントよりも，共同体として人びとを
強く結びつけているため，自殺を抑止する力がある。
自殺は，宗教社会の統合の強さによって増減する。**

▶ ②自殺と家族：

未婚者の自殺率の方が既婚者の自殺率よりも高い。特に男性にその傾向が顕著である。

> **【自殺の予防剤としての家族】**
> 　成員相互の交渉が活発で，絶え間なく行なわれれば行なわれるほど，集合体はいっそうよく統一され，堅固なものとなる。…家族は，自殺の強力な予防剤であるが，家族がさらに強固に構成されていればいるほど，いっそうよく自殺を抑止することができる。(同上：239.)

デュルケムは，家族には自殺を抑止する力があるとするが，特に男性にその傾向が強いとする。そして，女性の自殺率の低さに着目し，以下のように述べる。

> **【女性の自殺はなぜ少ないのか】**
> 　女子は男子よりも共同生活の圏外にいることが多いので…この社会性の浸透度の低さゆえに…社会の必要性も少ない…また難なくその欲求を充たしてしまう。老嬢の生活は，少々の信仰上の務めを果たし，数匹の動物を愛玩するだけでみちたりるのだ。…男子は，より複雑な社会的存在であるだけに，外部にいっそう多くの支持点をもたないかぎり，釣り合いのとれた生活を維持することができない。(同上：258-259.)

現代も一貫して，既婚・未婚を問わず男性より女性の自殺率は低い。これについて，デュルケムは，女性の自殺率の低さは女性が社会の必要性を感じないためではないかと述べる。

しかし，女性は，仕事や社会的役割を超えたところで女性同士で集まって食事をしたり，お互いに語り合う機会が多いために自殺率が低いという，逆の可能性も考えられそうだ。

なお現代では，男性の自殺率の高さについて，男性はけんかや激しいスポーツを行うことで，「自殺潜在能力」(死に対する恐怖が低い，痛みに対して鈍感など)が高いからではないかと指摘する自殺研究[4]がある。

家族集団は，自殺を抑止する力がある。
自殺は，家族社会の統合の強さによって増減する。

▶ ③自殺と政治状況：

政変や革命，国家間の大戦などの危機的な状況にある時，自殺率は減少する。

---

[4] Joiner, T. E., et al., 2009＝2011『自殺の対人関係理論』日本評論社.

> 【人びとが共通の危機に立ち向かう時】
> 　国民的大戦のような社会的激動が生じると，それによって集合的感情は生気をおび…一時より強固な社会的統合を実現させる。共通の危機に立ち向かうために人びとを互いに結束させるから，個人は自分自身のことについてはあまり意を用いず，それ以上に共通の事柄に関心を抱く。(同上：246.)

大きな政変や戦争は，自殺の抑止効果をもつ。
自殺は，政治社会の統合の強さによって増減する。

①②③からデュルケムは自殺についての一般命題を導き出した。

f. _____

統合の強い集団では自殺が減り，統合の弱い集団では自殺が増える。

2.4　デュルケムによる自殺の3類型

▶ **g.** _____ ：

　社会が人びとを強く従属させ，集団本位で，個人化(個人の意思や選択権)が未発達な社会に生じる自殺。ある社会においては，生に執着しないことは徳とされる。老年の域に達した者，夫を亡くした妻，首長の死後の臣下や家来などに，自殺をする義務が課されていた。

　他方で，デュルケムは「動機がくだらない自殺」の事例のなかで，日本の切腹も挙げている。ただしデュルケムの記述は，日本の切腹の実態を正確に表現しているとは言い難い。

> 【義務的な自殺，動機がくだらない自殺】
> 　［自殺は］偉大なる徳であったから，ほんのささいな事情から生を断つ者，あるいはたんなる体面の問題から生を断つ者には賞讃がおくられた。自殺には社会的な褒賞がつき，そのために自殺が奨励されさえした。(同上：267.)
> 　動機がじつにくだらない自殺がひんぱんに起こっている。…北アメリカのインディアンのばあいも同様であり，夫婦げんかや嫉妬の衝動だけで，男女は簡単に自殺をしてしまう。ダコタ族やクリーク族においては，どんな小さな落胆もしばしば絶望的な決断をまねく。日本人がまったくつまらない理由のためにも簡単に切腹をすることは有名である。伝えられるところによれば，日本では，かたきどうしが，たがいを倒す術を競いあうのではなく，みずからの手で腹をさく術の巧みさを競いあうというじつに奇妙な果たし合いの習わしさえ行われているという。(同上：266-267.)

▶ h.

人びとの結びつきが弱まり，個人化が過度に進行する自己本位の社会で生じる自殺。

【個人主義がもたらす自殺】
　個人が自分自身の運命の支配者となることが許されれば，…生きることの悲惨を我慢づよく耐えしのぶ理由もなくなるわけである。…個人は集団にむすびつき，それに愛着をいだいているときには，自己の利益よりも不断に優先させてきたその集団の利益をそこなうまいとして，不撓不屈の意志をもって生きぬいていくものだからである。…常軌を逸した個人主義というものは…自殺の原因についてその作用を促進するというだけではなく，それ自体が自殺の原因である。(同上：248-249.)

**人は社会から切り離されると自殺しやすくなるが，
社会のなかに強く統合されすぎても自殺が生じる。**

▶ i.

人びとが社会から規制されなくなるアノミー状態の苦悩から生じる自殺。

　アノミーとは「社会規範の動揺や崩壊によって生じる混沌状態，ないしはその結果である社会成員の欲求や行為の無規制状態」[5]を指す。デュルケムがアノミー概念を提起した19世紀末は，資本主義の爛熟期であり，宗教や伝統的な規律がその力を失いつつあった。デュルケムは，市場経済によって，人びとは永遠に満たされない欲望を刺激され続けると考えた。

【欲望を刺激され続ける個人】
　階級の上下をとわず，欲望が刺激されているが，それは最終的に落ち着くべきところを知らない。…人が健全な規律に服している社会では，人は運命の与える打撃にも労せずして耐えることができるものである。…ところが，今日の経済的状況の特徴である無秩序は，そうしたあらゆる危険な冒険へ扉をひらいている。人々の空想は目新しいものに渇え，しかもそれを規制するものがないので，空想はあてもなく手さぐりすることになる。(同上：316-317.)

▶ 宿命的自殺：

　デュルケムは，3類型のほかに「宿命的自殺」について『自殺論』の注で言及している。閉塞状況にある人が努力しても報われない想いから生じる自殺。奴隷制のような社会で生じるが，現在のいじめ自殺にも通じる。

---

[5] 見田宗介・栗原彬・田中義久編，1994『〔縮刷版〕社会学事典』弘文堂：21.

2.5 自殺論から見た社会と個人の性格

社会的タイプのとる個人的形態

	基本的性格		二次的な変種
基本タイプ	自己本位的自殺	無気力	自己満足をともなった，ものうげな憂鬱 / 懐疑者のさとりきった冷静さ
	集団本位的自殺	情熱的あるいは自発的な力	平静な義務感をともなう / 神秘的な霊感をともなう / 落ち着きはらった勇気をともなう
	アノミー的自殺	焦燥，嫌悪	生一般にたいする荒々しい非難 / ある特定の人物にたいする荒々しい非難 / (殺人—自殺)
混合タイプ	自己本位的・アノミー的自殺		動揺と無気力，活動と夢想の混淆
	アノミー的・集団本位的自殺		怒りの沸騰
	自己・集団本位的自殺		ある種の道徳的堅固さによって和らげられた憂鬱

表10.1 自殺の社会的タイプ
(出典) Durkheim, É., [1897] 1960＝1985『自殺論』中公文庫: 368.

【導きの糸としての自殺の類型】

「社会規範の崩壊がAという個人を自殺にはしらせる一要因となりうるとしても，なぜ同じ条件におかれたBという個人は自殺をしないのか」と仮に問われたならば，デュルケムはおそらく返答に窮したことだろう。…けれども，視角を変えて，「かくかくの個人がしかじかの状況と心理的状態の下で自殺をしたが，それにはもっと根本的な深い社会的要因も作用していたのではないだろうか」という問いが発せられるとき，かれのタイポロジーはこの要因の追求の導きの糸となるのではなかろうか。
(宮島喬, 1979『デュルケム自殺論』有斐閣新書: 14.)

　デュルケムは，社会や集団のあり方から自殺を考察したが，社会学者の宮島喬が述べたように，同じ環境・状況におかれながらも自殺をする人としない人がいる。そこで以下では，現代の自殺理論から，どのような時に人は自殺をしやすくなるかを見ていく。そして，どのような自殺予防策が有効であるかを考える。

3. 現代の自殺理論

3.1 自殺の対人関係理論[6]

　自殺を考えたことのある人は多いが，実際に行動に移すことができるのはごく一部の人である。自殺の対人関係理論を提唱するジョイナー[7]は，以下の3つの条件がそろった時，人は自殺を遂げるとする。

▶ j. _____ :

　痛みへの抵抗感が低かったり，痛みに慣れていたりすると，自殺行動を起こしやすくなる。激しい痛みを伴うスポーツの経験，アルコールや自傷など自分の健康を害する行動，暴力被害なども，痛みへの慣れに関係している。
　例）自傷がエスカレートした結果の自殺など

▶ k. _____ :

　人との関係がなく孤立している状況，また，人との関係はあるが「自分の居場所がない」，「自分は誰にも必要とされていない」という感覚。
　例）いじめやハラスメントなどで学校や職場に所属感を持てなくなるなど

▶ l. _____ :

　「自分が生きていると周囲に迷惑になる」といった認識。
　例）高齢者や病者が，介護する家族に迷惑をかけていると感じるなど

3.2 自殺希少地域の人間関係

　デュルケムの自殺論，自殺の対人関係理論の両者から，「人と人とのつながり」があることは，自殺を抑止する効果があることがわかる。
　しかし，デュルケムは，人は社会や集団に統合されすぎても，つまり，つながりが強すぎる場合にも自殺する傾向があることを明らかにしている。
　自殺が最も少ない「自殺希少地域」を研究した岡檀[8]は，人と人のつながりの「質」を問いなおした。

---

[6] Joiner, T. E. et al., 2009＝2011『自殺の対人関係理論』日本評論社.
[7] T. E. Joiner, 1965～, 自殺研究を専門とするアメリカの心理学者．著書に『自殺の対人関係理論』など.
[8] 岡檀, 2013『生き心地の良い町』講談社.

▶ **自殺希少地域：**

隣人とは頻繁な関わりがあるが，身内意識は弱く，必要十分な援助を行う以外は淡泊なつきあいが維持されている。人に助けを求めることへの抵抗が小さい。

うつなどの精神疾患への偏見がなく，弱音を吐きやすいコミュニティでは，人は人に助けを求めやすく，必要な時に隠すことなく精神科を受診できる。

【偏見がなく，弱音を吐きやすいコミュニティ】
　[自殺希少地域である]海部町では，人と人とのつながりはゆるやかである。人への評価は良くも悪くも固定しないし，ひとたび評価を落とせば二度と浮上できないというスティグマを，恐れることなく生きていくことができる。…そして何よりも，『一度目はこらえたる（許してやる）』という態度である。挽回のチャンスがあると思えること，やり直しができると信じられることが，その者の援助希求を強く後押ししている。
（岡檀，2013『生き心地の良い町』講談社：123-124.）

▶ **自殺多発地域：**

緊密な人間関係と相互扶助が定着しており，身内同士の結束が強い。迷惑をかけてはいけないという気持ちから，助けてと言えない。外の人に対しては，排他的である。

....

**集団への所属感を保ち，気軽に助けを求めることができれば，
自殺を抑止できる。人との「つながり」が命を守る。
自己破壊的行動も自殺リスクを高めるため，早期の対処が重要である。**

....

本章のまとめ

統計データやフィールドワークによって，
個人の心理ではなく社会環境からも自殺という問題を
解明することができる。
自殺の背後には，人を自殺に追い込む関係性や社会がある。
それらを理解することは，実践的な自殺予防につながる。

第10章　自殺

Book Guide ブックガイド 10

📖『デュルケム自殺論』
宮島喬, 有斐閣新書, 1979

★デュルケムの自殺論が解説されているだけでなく, デュルケムの解釈に対する疑問や, デュルケムが生きていた当時の社会環境なども取り上げられているため, デュルケムの自殺論への理解が深まります。

📖『もしも「死にたい」と言われたら──自殺リスクの評価と対応』
松本俊彦, 中外医学社, 2015

★人はどういう時に死にたいと言うのか, 死にたいと言われた時にどう対応したらよいのか, 臨床経験や精神医学にもとづき, ていねいに説明されています。

📖『アルコールとうつ・自殺──「死のトライアングル」を防ぐために』
松本俊彦, 岩波ブックレット897, 2014

★自殺の統計の数値ではわからない現実がありますが, ここでは, 自殺に飲酒がかなりの影響を与えていることが示されています。

📖『「子どもの自殺」の社会学──「いじめ自殺」はどう語られてきたのか』
伊藤茂樹, 青土社, 2014

★「いじめ自殺」がメディアでどのように語られているのかが考察されており, 私たちをとりまくメディア環境についても考えることができます。

📖『生き心地の良い町―この自殺率の低さには理由がある』
岡檀, 講談社, 2013

★全国できわめて自殺率の低い「自殺"最"希少地域」を調査し, 町民たちの人生観や処世術が明らかにされます。学術研究をベースにしながら一般向けの読み物としてわかりやすく書かれており, 町民たちの生き方から, 誰もがきっと何か気づきを得られるでしょう。

📖『自殺のない社会へ──経済学・政治学からのエビデンスに基づくアプローチ』
澤田康幸・上田路子・松林哲也, 有斐閣, 2013

★初学者向けとはいえませんが, 自殺への「対策」についてしっかり学びたい人におすすめします。

Column ──────── **ナカムラ・コラム** ──────── ⑩

希望がなくてもいいじゃないか

　希望がある，可能性があることは，私たちの励みになります。けれどもいつも希望を持ち，自分の可能性を切り開かなければならないとしたら，疲れてしまいそうです。
　小説家の保坂和志さんは，希望や可能性とは「ひとつの考え方」に過ぎないことを指摘し，ご自身の若い頃の経験についても書かれています。

　「希望や可能性がその人を苦しめるのだ。辛辣なことを言ってしまえば，希望や可能性を頼りにしなければならないという思考の単純さがその人自身を苦しめるのだが，いまはそれは置いておこう。『これをしたい』という希望や，『私にはこういうこともできる』という可能性は，自分自身の現在の状況の否定が裏にある。
　…『つねに変化しなければならない』という言葉が人を急き立てる。みんな本当にそんなに変化ばかりを望んでいるだろうか？…希望や可能性という考え方は，『時間とともに進歩する』という信仰——この考え方は，昔の人が神を信じたと同じ次元での"信仰"なのだ——に乗っている。
　…20代後半の夏は2年つづきで，友達2人と茅ヶ崎の海辺のマンションの一部屋を借りて，ディンギーという小さいヨットを出したり，浜辺でビールを飲んで，うだうだしたり……。そこでは不安になるくらい無為な時間が流れていたけれど，不安のかけらもない若さなんてものはない。若いということは，不安で不安定ということだ。なにしろ，自分たちは何者でもないのだから」9

---

9 保坂和志, 2006『途方に暮れて，人生論』草思社: 53-56.

The Sociology Drill Book
第 11 章
医療

　現在，先進諸国で暮らす私たちは，多くの場合，病院で生まれ，検査や治療を受けながら一生を過ごし，病院で死んでいきます。医療は，私たちの生活と切っても切り離せないものです。

　では，私たちはどのような医療を受けているのでしょう。私たちが当たり前と思っている医療は，歴史的には新しいものです。現代でも，世界中の多くの人びとが私たちとは同じ医療を受けられない，あるいは異なる医療を受けています。時代や文化によって，医療のあり方は変わります。

　本章では，私たちがよく知る医療と馴染みのない医療の両方を理解します。そして，医療社会学は何を明らかにできるか，医療者の教育現場で何が起きているかについても学びます。

≪ 本章のトピック ≫
1. 近代医療を理解する
2. 民族医療と代替医療
3. 経験される病い，診断される疾病
4. 医療化する社会

1. 近代医療を理解する

1.1 近代医療とは何か

▶ **近代医療(modern medicine)とは：**

体の異変を感じたら医師の診察を受けるという習慣は，19世紀の西欧社会に定着した。

▶ **近代医療の3つの特徴[1]：**

① **a.** _____

人間の身体・精神の正常・病理を区別し，治療を確立する理論体系にもとづく。
近代科学の一分野として西欧社会を中心に発展してきた。

② **b.** _____

医療の中心的な業務を独占[2]する専門的職業。専門教育課程を経て，国家資格を有する。

③ **c.** _____

医師が医療を行う施設。病者を生活の場から切り離して収容する。

....

**19世紀の西欧を中心に，病院で治療が行われると，
近代医療は病気を治せると次第に人びとに信頼されるようになった。**

....

1.2 近代医療の5つの仮説[3]

近代医療は，「生物医学」(biomedicine)にもとづき，次の5つの仮説に依拠する。

① **d.** _____

精神と身体(心身)は2つに分離して取り扱うことができるという考え方。

---

[1] 美馬達哉，2010「近代医療」，中川輝彦・黒田浩一郎編『よくわかる医療社会学』ミネルヴァ書房：148-151を参照した。
[2] 業務独占資格とは，弁護士，公認会計士のように，有資格者以外が携わることを禁じる業務を，独占的に行う資格を指す。
[3] Nettleton, S., 1995, *The Sociology of Health and Illness 2nd Edition,* Polity Press: 2を参照した。

第11章　医療

② **e.**

身体は機械のように修理できるという世界観や考え方。

③ **f.**

技術が決定的であるとして、時に過剰に介入する考え方。

④ **g.**

心理・社会よりも、生物学・病理学に病因を還元する考え方。

⑤ **h.**

疾病は特定の病因によって生じるという考え方。

**医師業の専門職化、病院の定着、医師への絶大な信頼によって、
近代医療は社会に普及し、20世紀後半に拡大した。
同時に、医療への過剰な依存や新たな医療問題などの
限界が指摘され、代替医療が見直された。**

2. 民族医療と代替医療

2.1　民族医療とは何か

▶ 伝統社会における医療：

i.

近代医学以前から、世界の伝統社会に伝承されてきた医学・療法を指す。
　例）中国医学、アーユルヴェーダ（インド大陸の伝統医学）、漢方（古代中国に発し日本独自の伝統医学として発展した）

▶ シャーマンによる病気治療：

j.

シャーマン（呪術師）を中心とする、呪術—宗教体系を指す。トランス状態（忘我、エクスタシーとも呼ばれる）に入ったシャーマンが予言・占いを行い、病気治療にあたる。

▶ **シャーマンの特徴**[4] :

シャーマンとは霊的存在や呪力と交信し，これを操作する技術・能力をもつ職能者を指す。
① シャーマンは予言や占いも行うが，病気治療が中心である。
② シャーマンになることによって病気から回復した経験を持つことが，シャーマンの条件になる。
③ シャーマンの病気治療の能力は，トランス能力による。シャーマンが自由自在にトランス状態を行き来する技術は，シャーマンが経験した病苦の中で得ると考えられている。ただし，「シャーマンのトランス状態が正真のものか，それとも装われたものであるかは当事者たちには問題ではなく，トランスと思われる状態で治療にあたってくれることが重要」とされる。以下は，奄美大島のユタによる病気治療でトランスを経験した人の事例。

> 【奄美大島のユタの治療】
> 　太鼓の音や親ユタの呪詞をわずかに聞いただけで，自分は側に置かれていたススキを取り，踊りまわったらしい。しかしトランスから醒めると，自分のその間の記憶はなく，ただ醒めた後の何とも言えないさわやかな気分，病気はすっかり身体から抜け落ちたような気分ははっきり思い出すことができる。
> （波平恵美子, 1984『病気と治療の文化人類学』海鳴社: 182-183.）

2.2 代替医療とは何か[5]

▶ **k.   :**

　近代医療にもとづかない医療行為。世界の伝統医学・民間療法，保険適用外の新治療法も広く含まれる。

　例）中国医学（中薬療法，鍼灸，指圧，気功），漢方，インド医学。免疫療法（リンパ球療法など），薬効食品・健康食品，ハーブ療法，アロマセラピー，精神・心理療法，温泉療法，ホメオパシーなど。

---

[4] 波平恵美子, 1984『病気と治療の文化人類学』海鳴社: 73-74, 161を参照, 引用した.
[5] アメリカでは，alternative medicine（代替医学）またはalternative and complementary medicine（代替・補完医学）という言葉が使われており，ヨーロッパでは，complementary medicine（補完医学）という言葉が使われることが多いという（日本補完代替医療学会HP http://www.jcam-net.jp/info/what.html, 2016.2.14）

第11章 医療

> 【世界の医療の半数以上が伝統的医療】
> 　人口比率からみると現代西洋医学の恩恵に預かっている人達は意外に少なく，国連世界保健機関（WHO）は世界の健康管理業務の65から80％を"伝統的医療"と分類しています。つまり，これら伝統的医療が西洋社会において用いられた場合は代替医療の範疇に含まれることになるわけです。…確かに，これらの中には，非科学的であり西洋医学を実践する医師にとっては受け入れ難い内容のものもありますが，作用機構や有効性が科学的に証明されているものが急増しているのも事実です。
> （日本補完代替医療学会HP http://www.jcam-net.jp/info/what.html, 2016.2.14）

▶ 代替医療の特徴：

① 全体的な(holistic)アプローチをとる。ある器官だけを切り離して診るのではなく，心身の全体の状態を診る。
② 近代医療のように制度化されていない。
　例）治療行為が法的に認められていない，公的に指定された教育機関で教えられない，一部を除き健康保険が適用されない。

▶ 代替医療の診療の一般的な特徴[6]：

① 急性疾患よりも慢性疾患の患者を対象とする。
② 治療が長期にわたる。
③ 診療時間が長い。
④ 健康保険が適用されても，治療費が相対的に高い。

▶ 近代医療との共存：

　代替医療は近代医療と対立しない。代替医療の治療者や病者が近代医療を活用したり，その逆もある。
　例）内科医が漢方を処方する，整形外科医が鍼灸を併用する，代替医療の治療者が病院の診察を患者にすすめるなど。

> 【近代医療体系の一翼を担う漢方医療】
> 　漢方薬が近代医療において本格的に用いられるようになったのは，漢方エキス製剤が健康保険適用薬として薬価基準に収載された1976年以降とみてよい。…1970年代中ごろの漢方ブーム前後から，…漢方は全体論的・予防的・歴史的に正統なものであり，『穏和で安全だ』という一般的イメージがしだいに定着していった。…だが現実には，漢方薬にも副作用は存在するし…必ずしも伝統的な方法で作られたり，その診断規準によって処方されているわけでもない。なお，漢方薬の科学的研究は…大学や病院の研究機関などでもおこなわれている。
> （池田光穂，1995「非西洋医療」『現代医療の社会学』世界思想社: 209-210.）

---

[6] 池田光穂，1995「非西洋医療」『現代医療の社会学』世界思想社: 202-224を参照した．

3. 経験される病い，診断される疾病

3.1 ヤング[7]の病い・疾病・病気の3分類[8]

▶ l. _____ :

患者やその家族が，経験する病い。病気への日常的な感じ方や考え方。

▶ m. _____ :

医学的症例にしたがって，近代医療の専門家が疾病を分類し，診断を下す。

▶ n. _____ :

専門家に限らず，社会一般で認められている疾病と病いの総称。

病い ＋ 疾病 ＝ 病気

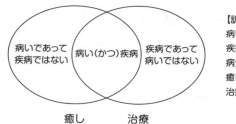

【訳語表】
病い：illness
疾病：disease
病気：sickness
癒し：healing
治療：curing

図11.1 病いと疾病

(出典) Young, A., The Anthropologies of Illness and Sickness, *Ann.Rev.Anthropol.*, 1982.11: 266　池田光穂ホームページ(http://www.cscd.osaka-u.ac.jp/user/rosaldo/070523illness.html, 2016.2.14)

4. 医療化する社会

4.1 医療化とは何か

▶ o. _____ :

---

[7] A. Young, 1938～，アメリカの医療人類学者．著書に『PTSDの医療人類学』など．
[8] Youngの論文を紹介している，医療人類学者の池田光穂のホームページを参照した．(http://www.cscd.osaka-u.ac.jp/user/rosaldo/070523illness.html, 2015.12.5) また，池田光穂, 2007「医療人類学の可能性」『医療人類学のレッスン』学陽書房: 18も参照した．

第11章　医療

　従来，宗教・司法・教育・家族などの領域で対処されていた心身の異変や問題行動が，次第に医療の領域に取り込まれ，治療の対象として再定義される過程を指す。

　例）妊娠・出産：自宅出産　　　→　病院に入院・出産
　　　加齢：痴呆症　　　　　　　→　認知症
　　　教育：子どもの成績不振　　→　学習障害（LD:Learning Disability）
　　　学校：授業妨害　　　　　　→　注意欠陥多動性障害（ADHD:Attention Deficit Hyperactivity Disorder）
　　　対人関係：特定のコミュニ
　　　　ケーションが不得手　　　→　発達障害・自閉症スペクトラム

**健康や病気をめぐるさまざまな情報が
私たちの日常に侵入して，身近な現象が次第に医療化される。**

**近代医療には，《対象領域を拡張》する傾向がある。
そこには，回復の効果をもたらす側面と，苦しみを生む側面がある。**

4.2　医療社会学の3つの課題[9]

▶ p.

　人びとは心身に異変が生じると，病気としてさまざまな意味づけを行う。他方で，診察した医師や専門家も，各自の意味づけにもとづき治療を行う。こうした病気の意味づけに唯一正しいものはなく，優劣もない。患者は誰に意見を求めるのか。医師や専門家の意見をどのように受け入れ，どのような場合に受け入れないのか。

▶ q.

　治療者と患者は診療時のコミュニケーションを通して治療を進めていくが，両者が対立・葛藤にさらされることがある。医療における対立・葛藤の由来，解決，信頼，満足できる関係はどのように達成されるか。

▶ r.

　病気とは，日常からの逸脱のひとつであり，病者には病気を治す権利と義務が伴う。他方で，医療は逸脱としての病気を統制する。近代医療が社会秩序を維持強化するとき，

---

[9] 黒田浩一郎，2001「医療社会学の前提」『医療社会学のフロンティア』世界思想社を参照した．

誰が医療に異議を申し立て，どのように成功したり失敗するのか。

> **医療社会学は，医療がもたらすさまざまな作用を考察してきた。**
> **そこには病者の人びと・医学・医療をつなぐ課題がある。**

> 【医療社会学がめざすこと】
> 　医療社会学がめざすのは，今日の医学・医療を相対化し，いまある医療とは別の医療もありうるということを示すことで，これらの人びとが，この「おかしさ」を捉え，改革のビジョンを描くことに役立つような視点や語彙を提供するという，いわば触媒としての働きである。
> 　（黒田浩一郎，2001「医療社会学の前提」『医療社会学のフロンティア』世界思想社：51.）

4.3 治療者の教育

▶ 医学生の社会化：医学校で学生たちはいかに学び，変わっていくのか

　医療人類学者のグッド[10]は，観察者として解剖に参加していた期間，解剖学の見方で人を見ている自分に気づいた。そして，人を，身体として，患者として，時に遺体として見ることは，学生が有能な医者になるために必要であり，医学を学ぶことは外国語を学ぶように「まったく新しい世界を構成すること」であるという。

　また，ある国立大学医学部で1983年入学，1988年卒業の医学生を対象に次のような調査を実施した。卒業までの変化を調べた結果，医学生たちの物事を見る視点が，患者側から医師側へ変化している点が指摘された。

> 【医学生の意識の変容】
> 　［ある］医学生は事故で緊急手術を受けたことを振り返った文で，手術中に耳のケガを縫い忘れられかけたり，執刀医が助手に手術法を説明しているのを聞いて，いい加減だなあ，教材扱いだなあと感じていたものが，6年時には緊急手術とは大変なものだから耳ぐらい忘れられてもしようがない，術中の説明も医師を育てるためには不可欠だというふうに，物事をみる視点を医師の視点に変えたうえで，過去の経験を再解釈している。…ある医学生は，3年時には「医師は患者に対して信頼されるように振る舞うべきだ」とか「決して誤診やトラブルを起こしてはならない」などと理想化された医師イメージを持っていたものの，6年時には「実際に信頼を得るのは容易ではない」，「時にはトラブルも起きるものだ」といった現実的，悲観的な記述へと変化してきている。
> 　（藤崎和彦，1995「医師」『現代医療の社会学』世界思想社：50-51.）

---

[10] B, J, Good, 1944～，アメリカの医療人類学者．著書に『医療・合理性・経験』など．引用はGood, B. J., 1994=2001『医療・合理性・経験』誠信書房：126.

本章のまとめ

**近代医療は対象を増大させ，社会は医療化してきた。
医療の多様なあり方を理解することで，
現代の医療を相対化することが可能となる。
いま私たちが受ける医療も，
数十年後には大きく変わっているだろう。**

Book Guide ──── ブックガイド ──── 11

📖『よくわかる医療社会学』
中川輝彦・黒田浩一郎編, ミネルヴァ書房, 2010

★医療社会学の各項目を幅広く学べる基本書。医療に関するさまざまなトピックが見開き1ページにまとめられており，索引も充実しているので辞書のようにも使えます。入門書としておすすめします。

📖『〔新版〕現代医療の社会学──日本の現状と課題』
中川輝彦・黒田浩一郎編, 世界思想ゼミナール, 2015

★『よくわかる医療社会学』よりもより絞ったテーマが取り上げられ，それらについて深く論じられています。近年の医療社会学の動向や課題がわかります。

📖『医療人類学のレッスン──病いをめぐる文化を探る』
池田光穂・奥野克巳編, 学陽書房, 2007

★病いをめぐる文化とは何かを学ぶことができます。世界の多様な事例とともに，本章で取り上げた呪術，憑依，シャーマニズムなどもわかりやすく説明されています。

📖『医療化のポリティクス──近代医療の地平を問う』
森田洋司・進藤雄三編, 学文社, 2006

★「医療化」を学びたい人におすすめします。第Ⅰ部では医療化という概念の歴史的意義，その政治性などを学べます。第Ⅱ部では，ひきこもり，児童虐待，不登校，発達障害などの現象から，医療化を具体的にとらえることができます。

Column ・・・・・・・・・・・ ナカムラ・コラム ・・・・・・・・・・・ 11

私たちは本当に「働きたくない」のか？
〜フロー体験は仕事のなかに〜

　就職活動が終わり，内定が決まった学生から「4月から働くことが楽しみ」という言葉を聞くと，私まで明るい気持ちになります。他方で，「働きたくない」と言う学生もずいぶんいます。内定をもらった後でも，「正直，働きたくないです」とゆううつそうに話す学生もたくさんいます。

　とはいえ，口では働きたくないと言う学生の多くは，実際にはかなり熱心にアルバイトをしています（もちろん，生活のために働いている学生もいますし，アルバイトと就職は違うという答えが返ってくるかもしれませんが）。また，彼らの多くは怠惰には見えませんから，現代日本の労働環境が，若者の目に厳しいものに映っている可能性もあります。ブラック企業，非正規雇用をめぐる問題などもあるでしょう。

　しかし，年齢，職種を問わず，働きたくないという気持ちは，誰もが感じたことがあるのではないでしょうか。他方で，経済的な必要がない場合でも働き続ける人はたくさんいます。

　私はある時，心理学者のチクセントミハイ[11]の『フロー体験』を読み，働くことに関して決定的に新しい知見を得ました。

　まず，チクセントミハイの大きな問いは，「人は最も楽しい時にどのように感じているか，それはなぜなのか」というものです。そして，その経験自体が非常に楽しく，かつ，それに没入している状態を「フロー」と名づけ，フロー体験こそが私たちに大きな喜びをもたらしているとします。フロー体験は，目標がありルールによって拘束される活動からしばしば生じるとされます。

　こうして喜びの研究を進めるなか，彼は人びとの矛盾に出会いました。それが，人びとは余暇活動よりも仕事中により多くフローを経験しているにもかかわらず，余暇を求め，仕事を嫌う，ということでした。

　実験は，さまざまな職業の正社員男女100名を対象に行われました。被験者は一週間ポケットベルを携帯し，毎日無作為に8回ベルが鳴るごとに，その瞬間何をしているか，どのような気分でいるかを小冊子2ページに記録し，どれくらい挑戦していると感じどの程度能力を用いているかを10段階で評価しました。

　その結果，どのような職種であれ，人びとは余暇活動よりも仕事中に頻繁にフローを経験していることが明らかになりました。仕事にはまさに目標，ルール，挑戦が組み込まれています。

　では，なぜフローを経験しているにもかかわらず，人びとは仕事を嫌うのでしょうか。チクセントミハイは仕事に関しては，「人びとは自分の感覚が得た証拠を重視しない。彼らは直接的経験の質を無視し，代わりに仕事とはこのようであるはずだという根強い文化的ステレオタイプに基づく前提に動機づけられている」と述べます。

　つまり，私たちの多くは，仕事中に頻繁にフローを経験しつつも，仕事を「義務，束縛，自由の侵害」と考える文化に浸りすぎている，というわけです。

---

[11] M. Csikszentmihalyi, 1934 〜，アメリカの心理学者．著書に『クリエイティヴィティ』『フロー体験入門』など．引用はCsikszentmihalyi, M., 1990＝1996『フロー体験』世界思想社：199.

もちろん、彼は仕事におけるフローが楽しくても、人はつねに高い水準の挑戦に立ち向かえるわけではないという可能性も考慮しています（いつも挑戦状態にいるのはたしかに疲れそうです）。
　しかしどちらにしても、「仕事は苦しいものだ」という文化的な思い込みから一度、自由になってみる方がよさそうです。おそらく私たちは、仕事や勉強や家事の最中に、①本当に耐え難い時と、②本当はフローを経験しているのに嫌だと思い込んでいる時の、2つを経験しているはずです。②の場合には、「いま自分はフローを経験している」と認識し直せば、嫌だという思い込みから自分を解放できます。それだけでも、私たちの生活の質はかなり改善されそうです。
　ところで、社会学の立場ではすべてを個人の問題に還元することは、不適切な社会環境を放置することにつながると考えます。そこで、現代の労働環境を踏まえて、次の点を指摘する必要があります。
　私たちは、本当は劣悪な条件で仕事をさせられているのに、それにやりがいを感じさせられてしまうこともある、という点です。人は何によってフローを経験できるかを経営者が理解し、フローの発生要件、つまり、目標や責任感などを仕事に組み込めば、低賃金で条件が悪くても、労働者にその仕事を楽しく挑戦的と思わせることが簡単にできるわけです。
　社会環境や人の心のしくみを知らなければ、私たちはそれを悪用する人に、知らないうちに利用されてしまいます。社会学、経済学、心理学の知識で社会の現状を知り、自己や他者の心の状態を見つめることで、私たちはみな、自分にとって最適な状態をめざすことができるのではないでしょうか。私たちの生活をよりよいものにするために、学問は実際に役立つのです。
　チクセントミハイは、できるだけ多くフローを体験するように私たちの意識や生活を変える方法も教えてくれます。たとえば、他者といることも強い喜びの経験をもたらすといいます。友人関係や家族領域でも、私たちは文化的な思い込みから自由になる余地がまだまだありそうです。

＊

　SF作家であり評論家のウィルソン[12]は、やる気のない低次の意識状態からの脱却、高次の意識の拡大を生涯のテーマとしました。私たちは時々驚くほど自由や喜びを経験し、その時、世界は生き生きと輝いてみえます。しかし残念ながら、多くの場合そうした時間は継続せず、無気力、無感覚、抑うつ、悲観、絶望など、制限された低次の意識へと引き戻されてしまいます。
　ウィルソンはSF作家・評論家であり、研究者ではないため学問の世界では評価されていないのですが、『至高体験』という著作のなかで、心理学者のマズロー[13]の学説を整理し、それを一歩推し進めています。
　まず、マズローはそれまでの心理学は病人にばかり着目してきたと考え、健康な人びとと、非常に優れた人びととの心理の研究に着手しました。これ自体、非常に斬新です。そして多くの健康な人びとは、強烈な幸福感――「至高体験（peak experience）」を経験していたといいます。
　ウィルソンは、至高体験のような高次の意識状態に関心を寄せたマズローの研究を高く評価しつつも、マズローが至高体験を「いつかやって来る」と考えていた点に異議を唱えます。ウィルソンは、至高体験が可能な状態を私たちは意識的に保つことができるはずだとし、それこそが、まさに人間が抱えてきた心の問題（絶望、あきらめ、倦怠、依存症、さまざまな精神疾患）を拒むことにつながると考えました。

---

[12] C. Willson, 1931～2013, イギリスの小説家・評論家．評論に『アウトサイダー』、SF小説に『賢者の石』『精神寄生体』など．
[13] A. H. Maslow, 1908～1970, アメリカの心理学者．著書に『人間性の心理学』『完全なる人間』など．

ウィルソンは,『至高体験』の最後に希望の言葉を記しています。

「私が本書で素描しようと努めた諸発見は,すべて新し過ぎる。…最後に,一つ確実に言えることがある。もっとも興味深い部分は,これから来ようとしていることである」[14]と。

チクセントミハイはもちろんマズローの研究も踏まえており,フローをめぐる研究は,至高体験に連なると考えてよいでしょう。今後の展開も興味深いですが,いま日本語で読める研究成果だけでも,私たちの日々の活動への取り組み方や,人との関わり方を大きく変えてくれそうです。

勉強や仕事をすること,家庭を持ち親になることなどを,つらい責務だと暗に若者に教えているのは,いまの大人たちです。大人たちもその上の大人たちから学んできました。そこでまずは,私たちが自分自身を見つめ,解放することで,文化的な思い込みの連鎖を断ち切りたいものです。

---

14 Willson, C., 1972＝1979『至高体験』河出書房新社: 321.

The Sociology Drill Book

第 12 章
構築主義と心理療法

　「現実」は社会関係のなかで生まれると考える立場を，社会学では「構築主義」と呼びます。たとえば，心の病いの情報と接することによって，その人が本当に病いを発症するとき，それを心の病いの社会的構築（構成）と呼びます。
　本章ではそうした事例から，構築主義の考え方と構築主義にもとづく心理療法，特にナラティヴ・セラピーを学びます。
　ナラティヴ・セラピーは，誰も責めないスタンスに立ちつつ，問題の所在を探りあてるアプローチです。また，ある問題に詳しい専門家が，ある問題を抱えたクライエントを導くという従来のセラピーのような方法をとりません。これは，どういうことでしょうか。
　ナラティヴ・セラピーがどのように人生の難問を解こうとするのかを通して，ナラティヴ・アプローチの考え方を理解します。

≪ 本章のトピック ≫
1．構築主義を理解する
2．問題を解消する
3．ナラティヴ・アプローチの考え方

1. 構築主義を理解する

1.1 知識が生み出す現実

▶ **社会構築(構成)主義(social constructionism)とは[1]:**

　人びとに「事実」や「現実」と考えられてきた現象や出来事は,社会関係の中で生成され,変化すると考える立場。

「心の病い」と呼ばれる現象から,構築主義の考え方を理解していく。

▶ **バーガー[2]とルックマン[3]の知識社会学:**

伝統文化的な知識を持つ人は
「物の怪に取りつかれてしまった!」と考える。

心理学の知識を持つ人は
「神経症になってしまった!」と考える。

【個人が生み出す病い】
　田舎のハイチ人は,ある一定の明確に定義されている徴候を発見するや,ただちにものの怪にとり憑かれるであろう。これと同様に,フロイト心理学を内在化しているニューヨークの知識人は,一定のよく知られた症候を自分のなかに発見するや,たちまちのうちに神経症的になるだろう。実際,ある一定の生活史上の背景があると,徴候なり症候なりが個人によってつくり出される,ということは可能なのである。
　(Berger, P.L. & T.Luckmann, 1966=2003『現実の社会的構成』新曜社: 272-273.)

---

[1] "Social Constructionism"の訳語は,社会学の領域では「社会構築主義」と訳されることが多いが,セラピーの文脈では,「社会構成主義」とされることが多い.この背景には,日本にSocial Constructionismにもとづくセラピーを先駆的に紹介した文献において,「社会構成主義」という訳語が用いられたことも関係している(野口裕二・野村直樹,1997「訳者あとがき」『ナラティヴ・セラピー』金剛出版: 224.).
[2] P. L. Berger, 1929〜,アメリカの社会学者.著書に『現実の社会的構成』『癒しとしての笑い』など.
[3] T. Luckmann, 1927〜,アメリカの社会学者.著書に『現実の社会的構成』など.

第12章　構築主義と心理療法

▶ 心理学が生み出す現実：

> 【心理学は一つの現実を創造する】
> 　心理学はいったん…客観的現実の正しい解釈として一般的に受け容れられるようになると，それが説明すると称する現象のなかで強力に自己を実現化しようとする傾向をもつ。心理学の内在化は，それが内的現実と関係するという事実によって促進され，その結果，個人はそれを内在化するという他ならぬこの行為のなかで，それを実現化するのである。…心理学は一つの現実を創造し，この現実はまた心理学の正しさを立証するための基礎になる。
> 　（Berger, P.L. & T.Luckmann, 1966＝2003『現実の社会的構成』新曜社：272.）

心理学の知識が普及すると，「心の病い」を訴える人も増える。
知識や言説が，心の病いを生む。
一連の現象を，「心の病の社会的構築（構成）」と呼ぶ。

▶ 現代社会と心理学的知識：

a.

　個人の「心理」から問題行動や病理現象を理解する立場，傾向が広がることを指す。心理学や精神医学の知識や技法が受け入れられ，多くの人びとの関心が個人の心の状態に集中し，経済，政治，文化，福祉など「社会」の観点が後退する傾向のこと。

1.2　社会構築（構成）主義の考え方

▶ 問題の発生とゆくえ[4]：

① どのような問題も，最初に個々人に認識されるのは「何かおかしい」といった曖昧な感覚である。
② ある問題を治療したり解決しようとする努力のなかで，その問題が次第に明らかにされていく。この時大きな役割を果たすのが，医師やセラピストをはじめとする専門家（「トラブル処理屋（trouble-shooter）」）である。
③ 彼らが問題に対処する一連の行動によって，問題の定義や解決方法が決まる。

---

[4] Emerson, R.M. & S.L. Messinger, 1977, "The Micro-Politics of Trouble,"*Social Problems*, 25(2): 121-134. なお，エマーソンとメシンジャーの論文は，以下の文献で紹介されており，本章でも参照した．中河伸俊, 1998「レイベリングからトラブルの自然史へ」『エスノメソドロジーの想像力』せりか書房：105-120, 中河伸俊, 2004「社会病理のミクロ分析」『社会病理学の基礎理論』学文社：65-81.

▶ 構成主義から「問題」や「病理」を理解する：

例）中学生の娘がどんどん痩せてきた。本人にどうしたのか聞いても，何も答えない。母親が周囲に相談すると，まったく違う答えが返ってきた。

カウンセラー	→	「専門のカウンセリングを受けてください」
精神科医	→	「拒食症の可能性があります」
祈祷師	→	「先祖の供養をして下さい」
教師	→	「いじめの可能性がないか検討してみます」
内科医	→	「胃腸の検査をします」
父親	→	「痩せたがる年頃だし，気にしなくていい」

**ある現象を，どのように定義し，解釈し，物語るかは，その語り手が何者であるかを語る。
誰に相談するかによって，問題の定義と対処法はまったく異なる。**

▶ 社会構築（構成）主義では「問題」「病理」を次のように考える：

b.

第12章　構築主義と心理療法

　世間に広まった情報や知識，人びとのコミュニケーションの過程で「問題」や「病理」は絶えず構成される。それらは，客観的で静的な状態ではなく，治療への努力や他者の介入や専門家の語りなど，日常生活のさまざまなやりとりの中で変化する。

　こうした社会構築主義の立場は，何もかもすべてを社会的な構築物と見なす，という誤解を生むことがあるが，哲学者のハッキング[5]は次のように説明している。

【構築主義への誤解】
　バーガーとルックマンは，どんな意味であっても，普遍的な社会構成主義者としての名乗りをあげなかった…彼らは，例えばハチミツの味や火星などをも含め，すべての事柄が社会的構成物などとは主張しなかったのである。…二人は「知識の社会学についての論考」を書いたのであり，そこでは，「社会的に構成されなければ，何物も存在しえない」といった主張はなされていないのである。構成物とされているのは，「現実」という名で一括して呼ばれるすべての事柄なのではなく，あくまで，他でもないわれわれが「現実」に対してとる一定の反応の仕方なのである。
　（Hacking, 1999＝2006『何が社会的に構成されるのか』岩波書店：58.）

「現実は社会的に構成される」と理解することで，
これまでの認識から解放され，苦しみが解消する場合がある。
しかし，頭で理解しただけでは楽になれないことも多い。

　社会学者の野口裕二は，人びとの苦しみに対する「研究」の限界と，治療の場でどう「実践」できるかを次のように述べ，日本の心理療法に構成主義の考え方を精力的に紹介してきた。臨床の現場では，苦しい今の現実にかわって，どのような新しい現実を構成できるかが問われる。

【学問の限界，実践の可能性】
　社会問題論は，現実は社会的に構成されており，別様でもありうることを示すところで終わる。これに対し，ナラティヴ・セラピーは，現実は社会的に構成されたものであり，別様でもありうるなら，別様の現実を自分たちで構成してみようと考える。どうせ「つくりもの」だからと距離をおくのではなく，どうせ「つくりもの」なら，じぶんたちの手でつくりなおしてみようと考える。相対性を受け入れるのではなく，相対性に賭けるのである。
　（野口裕二，2001「臨床的現実と社会的現実」『社会構築主義のスペクトラム』ナカニシヤ出版：75.）

---

[5] I. Hacking, 1936～，カナダの哲学者．著書に『記憶を書きかえる』『何が社会的に構成されるのか』など．

苦しい「現実」を,生きやすい「現実」へと構成しなおす方法とは?
20世紀の後半に,社会構成主義の視点をもつ新しいセラピーが登場した。
それが解決志向アプローチやナラティヴ・アプローチである。

2. 問題を解消する

2.1 問題志向とは何か

▶ 従来のセラピーや治療：

c.

　問題志向とは「原因がわかれば,解決できるはずだ」と問題の原因探しをすることを指す。私たちの多くがとらわれている信念あるいは世界観。

> 【原因探しが問題解決になるとは限らない】
> 　わたしたちは通常,「原因を解明し,それを除去したり改善したりすることで問題を解決できる」という信念あるいは世界観をもっている。…病気の原因が特定できてそれを除去したり治療したりできれば回復する。…それはあくまで,機械や有機体についての「真理」であって,ひとの人生の問題や人間同士が織りなす関係にそのままあてはまる保証はない。
> （野口裕二,2002『物語としてのケア』医学書院: 85-86.）

**人生で起こる問題は,原因がわからない,わかっても取り除けないことも多い。
私たちはどうすれば問題志向から自由になれるか。**

2.2 解決志向とは何か

▶ 解決志向アプローチ(solution focused approach)とは：

d.

第12章 構築主義と心理療法

1980年代頃に，セラピストのド・シェイザー[6]やキム・バーグ[7]など家族療法家だったセラピストたちが始めた。短期療法の一種であり，治療の回数が少ない。

▶ 解決志向アプローチの具体例：

① クライエントが抱える問題に注目しない。
② クライエントは有能で，問題解決力を持つと尊重する。
③ クライエントを教育したり，啓発しようとしてはいけない。
④ クライエントの問題の原因探しをしない。
⑤ クライエントの問題に診断名をつけない。

【原因ではなく，解決法に目を向ける】
　この治療は主に，今，クライエントにとって何が問題であるのか，状況を良くするためには何が起こる必要があるのかということに焦点をあててゆく。…従来からの診断プロセスは，クライエントを「病人」の役割に固定してしまい自己評価の点で正反対の効果を及ぼす。
（McFarland, 1995＝1999『摂食障害の「解決」に向かって』金剛出版：39-40.）

▶ e.

「今晩，あなたが眠っている間に奇跡が起きて，あなたが今日ここに相談に来られた問題が解決したとします。でも，あなたは眠っているので，明日の朝目覚めるまで，この奇跡が起きたことは知りません。明日，どんな違いから，奇跡が起きて問題が解決してしまったことに気づくでしょうか？」[8]

こうした問いかけが，解決志向アプローチではよくなされる。この質問によって，問題が解決した状態をイメージできるようになるため，さまざまな解決策が浮かびやすくなる。

2.3 解消志向とは何か

▶ f.

学問や臨床（医師・看護による診療）は人びとが抱える問題を解決しようとしがちである。しかし，あえて問題化せず問題が解消するのを見守るという選択肢もある。それをここでは「解消志向」と呼び，付け加えておきたい。

「問題志向」と「解決志向」に，「解消志向」を加えることで，自己や他者の生きづらさに対する私たちの対処の幅やゆとりはさらに広がる。

---

[6] S. de Shazer, 1941〜2005, アメリカのセラピスト．著書に『解決志向の言語学』など．
[7] I. K. Berg, 1934〜2007, 韓国出身でアメリカで活躍したセラピスト．著書に『解決のステップ』など．
[8] Berg, I. K. & N. H. Reuss, 1998＝2003『解決へのステップ』金剛出版：32.

3. ナラティヴ・アプローチの考え方

3.1 ナラティヴ・アプローチとは何か

▶ ナラティヴとは：

語り，物語（ストーリー，筋のある話のまとまり）などを指す。意味が通るように言葉をつないだもの全般，「何らかの経験を意味づけるための言説のほとんど全て」[9]を指す。個々人が語るストーリーから，社会的に普及しているイデオロギーや価値規範などまで含む。

▶ 論理とナラティヴ：2つの思考

g.

自然科学全般，数学，論理学など。論理科学的な一貫性にもとづき，矛盾がない。

h.

小説，物語，真実味のある歴史のストーリー，人の心をひきつけるドラマなど。

心理学者のブルーナー[10]は，思考には2つの様式があり，それらは経験を整序し現実を構成するという。人はさまざまな出来事を「論理」だけではなく「物語」の形でも理解しながら生活しているが，科学の領域では論理が重視されすぎてきた。このように考えたブルーナーは，ナラティヴ（語り）という思考様式に着目した。

▶ ナラティヴ・アプローチとは：

科学は論理中心に組み立てられてきたが，人間の心と社会を考察対象とする人文社会科学では，論理だけでは理解できない現象が多い。1990年代以降，精神医学，臨床心理学，看護学，社会学など多様な領域で，ナラティヴ・アプローチが注目を集めてきた。

ナラティヴ・アプローチは，物事がいかに語られるか，そのような語りによってどのように知識，行為，関係等が生じ，変化するかなど，ナラティヴの相互作用に着目する。

**ナラティヴ・アプローチは，
実験データや統計的方法によって客観的な真理を探究してきた
従来の科学観を大きく変える，画期的なアプローチである。**

---

[9] 斎藤清二, 2006「医療におけるナラティヴの展開」『ナラティヴと医療』金剛出版：254.
[10] J. Bruner, 1915〜2016，アメリカの心理学者. 著書に『意味の復権』『可能世界の心理』等がある. Bruner, J., 1986=1998『可能世界の心理』みすず書房: 16-73を参照した.

【ナラティヴ・アプローチ】

　摂食障害はかねてから，「個人」か「家族」か「社会」の病理として語られてきた。心理の専門家は摂食障害を「個人」の病理として…家族療法家は「家族」の病理として，社会学者は「社会」の病理として語りがちである。…しかし，ナラティヴというスタンスに立つと，どの解釈もひとつのナラティヴだという点で等価となり，どの解釈が正しいのかという問いは意味を持たなくなる。…どの解釈が正しいのかを問うのではなく，ある現象を取り巻いているナラティヴに着目することこそが，ナラティヴ・アプローチなのだ。
　（中村英代，2015「誰も責めないスタンスに立ちつつ，問題の所在を探りあてる」『N：ナラティヴとケア　第6号』遠見書房：35.）

3.2　ナラティヴ・セラピーとは何か

　どのような問題もナラティヴ／ストーリーから生まれると考え，問題を生むナラティヴを突き止め，それをクライエントとセラピストが協力して書き換えるよう促すセラピーを指す。セラピストのホワイト[11]が考案した。

▶ **ストーリーを書き換える：**

i.

支配的（dominant）なストーリー。人びとを苦しめたり，強迫的にある行動をとらせる。
例）痩せるためにダイエットすべきだ，男／女はこうあるべきだ

j.

代替的（alternative）で，支配的なストーリーとは別に自分が生きやすいストーリー。

....

苦しみを生むストーリーから生きやすいストーリーへ。
ナラティヴ・セラピーは，ドミナント・ストーリーを
オルタナティヴ・ストーリーに書き換える実践である。

....

▶ **ストーリーの書き換え方：**

k.

　1980年代前半にホワイトが提示したナラティヴ・セラピーの技法。以下のように，問題を個人やシステム（家族・学校・地域など）の外側に置く（外在化する）。

---

[11] M. White, 1948〜2008, オーストラリアのセラピスト．著書に『物語としての家族』『ナラティヴ実践地図』など．第5章「関係性と暴力」の「加害者男性へのナラティヴ・セラピーの事例」も参照．

① 人やシステムではなく「問題が問題である」として，人やシステムの外側に問題を置きなおす。
② 人やシステムは，その問題からどのような影響を受けているかを探る。
③ 私たちはその問題にどのように対抗できるかを考える。
例）内在化する会話:来談者に「あなたは『うつ』です」と言う。問題（うつ）＝人（あなた）
　　外在化する会話:来談者に「その『うつ』はあなたにどのような影響を与えていますか？」
「その『うつ』に対して，私たちはどのように対抗できるでしょうか？」と問う。

> 【問題は文化と歴史の産物】
> 　外在化は，問題を個人の中にではなく，文化と歴史の産物として考えます。問題は，社会的に構成され，時間をかけて創造されたものとして理解されます。
> （Russell & Carey, 2004＝2006『ナラティヴ・セラピー』金剛出版: 16.）

l.

よりよい結果に着目する。問題が起こらなかった経験や，問題が起こってもそれに振り回されなかった経験など。
　例）問題に着目する会話：不登校の生徒に「なぜ学校に行けないのですか？」と問う。
　問題が起こらなかった経験に着目する会話:不登校の生徒に「あなたが学校に行けた日には何がありましたか？」「その時は，どのように問題の影響に抵抗できたのですか？」と問う。

3.3　専門家のあり方を問いなおす

▶ 専門家とクライエントの新たな関係：

　従来のセラピーは，よりよい生き方を知る専門家が，それを知らないクライエントを導く形をとる。クライエントは無知で，回復する力を持たない一方，セラピストには専門的知識があり，問題解決力があり，つねにクライエントに優越することになる。
　しかし，ナラティヴ・セラピーでは，セラピストとクライエントの上下関係はなくなり，セラピストはクライエントに好奇心を抱き，彼らと一緒に問題の解消法を探そうとする。

▶ ナラティヴ・セラピーにおける専門性：

m.

専門家の立場からクライエントを理解・説明・解釈しない。「彼ら[専門家]は敬意をもって相手に接しない。教科書通りのことを言うだけだ。私の問題も彼らの言葉で説明されてしまう」[12]

n.

ナラティヴ・セラピーのセラピストがとる姿勢，態度を指す。

専門家はクライエント以上に経験・事実・知識を持つ，という前提ではなく，クライエントに教えてもらう必要があると考える。相手の現実を勝手に解釈したり，理解したつもりになるのではなく，クライエントが言おうとすることからクライエントの生きている現実を知ろうとする姿勢。

**私たちは自分の経験や知識だけをもとに，
人や現象を解釈し，決めつけることがある。
ナラティヴ・セラピーを理解することで，物事を判断する前に，
まずは他者や現象をよく理解する姿勢を身につけることができる。**

【価値観の違いを超えて共に生きる】

　私たちはみな，ある特定の行動に価値を置き，それ以外の行動は非難するという伝統の中に組み込まれているのです。一番の問題は，あふれるほどの道徳的「善」と私たちがそれに固執していることにあります。……もし自分の「善」のビジョンを他者に強いたり，対立が大虐殺に終わったりするのを見たくないのであれば，私たちは新たな問いに一緒に着手しなければなりません。一緒に，価値観の対立に対処する実用的な手段を考えなくてはならないのです。「違い」の角を和らげ，境界線を越えて，新たな「関係」を形成するような効果的な実践を見つけ出すか，つくり出すかしなくてはなりません。

　（Gergen & Gergen, 2004＝2018『現実はいつも対話から生まれる』ディスカヴァー・トゥエンティワン: 188-189.）

---

[12] Anderson, H., 1997＝2001『会話・言語・そして可能性』金剛出版: 174.

本章のまとめ

解決法を語ることで，問題が解決することがある。
気にしないことで，問題が解消することがある。
誰も責めないスタンスに立ちつつ，問題の所在を探りあて，
人と協力して問題に対抗するアプローチもある。
問題への向き合い方は多様だ。アプローチを変えると，
いつもとは異なる世界が見えてくるかもしれない。

Book Guide　ブックガイド

📖『物語としてのケア──ナラティヴ・アプローチの世界へ』
野口裕二, 医学書院, 2002
★ナラティヴ・アプローチと従来のセラピーの違いがよくわかり，それを通じて新しい世界の見方を知ることができます。野口裕二『ナラティヴの臨床社会学』勁草書房（2005）も，臨床社会学とナラティヴ・アプローチの両方が学べる基本書です。

📖『ナラティヴ・セラピー──社会構成主義の実践』
McNamee, S. & K. J. Gergen, 1992, *Therapy as Social Construction*, Sage Publication.
マクナミー，ガーゲン，野口裕二・野村直樹訳, 遠見書房, 2014
★ナラティヴ・セラピーを学ぶ必読書。これまでの心理療法を問いなおした画期的な本です。

📖『N：ナラティヴとケア　第6号──ナラティヴの臨床社会学』
野口裕二編, 遠見書房, 2015
★社会学のナラティヴ・アプローチから日本の臨床例をコンパクトにまとめた初めての論集です。専門雑誌ですが，もっと学びたい人におすすめします。

📖『ナラティヴと共同性──自助グループ・当事者研究・オープンダイアローグ』
野口裕二, 青土社, 2018
★ナラティヴ・アプローチより後に日本に紹介されたオープンダイアローグの実践を踏まえた上で，ナラティヴ・アプローチの有効性と限界が再考されています。個人の変化を超えて，個人をとりまく関係性の変化や共同性の構築が着目されており，ナラティヴの新たな展開が学べます。

第12章　構築主義と心理療法

Column ナカムラ・コラム ⑫

体と心が欲するところへ行きなさい・・・

　大学教員である私は，学生から進路や将来についての相談をよく受けますが，ほとんどの場合，そうした時には悲観的な言葉も楽観的な言葉もかけず，黙って話を聞くだけになります。

　たとえば，人は驚くほど成長することがあり，可能性には限りがありません。悲観的な言葉はこうした可能性をあっさりとつぶしてしまうことがあるので，口にしたくはありません。だからといって楽観的な言葉だけを並べても，時に厳しい現実社会を生き抜かなければならない若者に対して，無責任な気がします。

　彼らは私に助言を求めている訳ではなく，話をしながら自分で自分の答えを見出そうとしているように見えます。だから，私から言葉をかける必要はないのかもしれません。

　それでも，迷っている学生と対等な立場で励まし合えるような言葉があればとつねづね思ってきました。そこで紹介したい文章があります。

　神話学者のキャンベル[13]は，学生たちにいつも次のように言っていたと書いています。

　「ある晩のこと，私は行きつけのレストランにいました。隣のテーブルには，父親と，母親と，12歳くらいのやせっぽちの男の子が座っていた。『トマトジュースを飲みなさい』と，父親が男の子に言いました。『飲みたくない』と男の子が言いました。

　すると父親はもっと大きな声で，『トマトジュースを飲みなさい』と言いました。そしたら母親が，『いやだということを無理にさせないで』と言ったんです。

　父親は彼女をじっと見て言いました——『この子は，好きなことだけして人生を渡るわけにはいかない。好きなことだけしてたら，死んでしまうぞ。おれを見ろ。一生のうち一度だってやりたいことをやったことはないんだ』…

　無上の喜びを追求したことのない人間。世間的には成功を収めるかもしれないが，まあ考えてごらんなさい—なんという人生でしょう？　自分のやりたいことを一度もやれない人生に，いったいどんな値打ちがあるでしょう。私はいつも学生たちに言います。きみたちの体と心が欲するところへ行きなさいって。これはと思ったら，そこにとどまって，だれの干渉も許すんじゃないってね」[14]

　「きみたちの体と心が欲するところへ行きなさい」。私はまだ，誰かに対してここまで言い切ることができません。自分でも実践しきれているわけではありません。でも，キャンベル先生がこんな風に断定してくれると，なぜだか力強く励まされます。私たちはみな，どこに行ってもいいのだと，どこにとどまってもいいのだと。

---

13 J. Campbell, 1904〜1987, アメリカの神話学者．著書に『千の顔をもつ英雄』『生きるよすがとしての神話』など．
14 Campbell, J. & B.Moyers, 1988＝2010『神話の力』ハヤカワノンフィクション文庫：255-256．
　［傍点は筆者による］

The Sociology Drill Book

第13章
レポートの書き方

　大学では課題としてレポートを書く機会は多いものの，それが添削されて返却されたり，学生同士でレポートを読み比べ，コメントしあう機会はあまりありません。
　そのため，具体的にどこをどのように改善すれば，よりよいレポートになるのかを知らないまま，書き続けてしまうことがあります。
　本章では，よくありがちなレポートを超えて，理想のレポートの作成をめざします。そのために，まず，レポートの書き方の基本を理解します。次に，評価基準と禁止事項を把握します。そして，レポートのタイプを知ることで自分の傾向を自覚して，弱みを補い強みを生かしたレポートを完成させます。

≪ 本章のトピック ≫
1. レポートを書く準備
2. 基本型に沿って書く
3. 禁止事項と評価基準
4. 自分のレポートの傾向を知る

1. レポートを書く準備

1.1 レポートを書く意義[1]

レポートを書くプロセスにはさまざまな学びがある。レポートを書くとは，調べ，考え，表現する「他者とのコミュニケーション」を学ぶことである。

**レポートを書く意義は，何かを調べ，それについて考察し，自分の言葉で表現することにある。
これは，人生を通じて続くことである。**

1.2 理想のレポートをめざす

▶ 書くつらさを減らす4つのアプローチ：

① a.

自分の好きなこと，興味のあることを調べるのは楽しい。

② b.

レポートや小論文には基本型（パターン）がある。これさえマスターすれば，書くつらさは減る。型を理解すれば，スムーズに書き進めることができるためだ。

③ c.

レポートの評価基準を知り，基準をクリアすれば高い評価を得られる。

④ d.

完成までのプロセス自体を楽しむと，結果的に完成度の高いレポートが仕上がる。
趣味やスポーツのように，技を練習し上達するのと同じと考えてよい。

---

[1] レポートを書く意義については，本章のコラムも参照．

2. 基本型に沿って書く

2.1 レポートの3つの要素

▶ レポートとは

あるテーマについて問いを立て，根拠を集めて論証し，結論を導くことである。

① **問い：e.** _____

② **論証：f.** _____

③ **結論：g.** _____

2.2 レポートの基本型

▶ レポートの基本型の3つの要素

① **h.** _____ ：_____

「問い」に対応する。ここで必ずレポートの論点を設定する。
　例）…〈レポートのテーマや論点の背景や理由〉…。そこで以下では，○○について，社会学の観点から考察していく。

② **i.** _____ ：_____

「論証」に対応する。レポートのテーマや論点について複数の説を対比させるなど。調べた本から引用したり，統計データや調査結果を紹介する。ここには自分の意見や考えは書かない。

③ **j.** _____ ：_____

「結論」に対応する。設定した論点に即して自分なりの考察を加え，結論を提示する。
　例）以上みてきたように，…〈結論を導く〉…。そこで，…〈考察を展開〉…。

> **レポートの基本型をマスターし，
> それに沿ってレポートを組み立てる。**

> 【レポートの発見型 vs. 論争型】
> 　レポートにはいくつかの応用型があるが，ここでは私が名づけた「発見型」と「論争型」について紹介したい。
> 　研究者は，わからない現象を調べ，調べた結果を考察し，報告する。そこで，最初に問いを設定し，その問いを探求するタイプのレポートをここでは「発見型」と呼ぶ。私が本書でとりあげ，演習や講義で教えるのはおもに「発見型」だ。「発見型」には発見したり考えたりした知見を他者と共有するイメージがある。
> 　他方で，最初に自分の主張を書き，それがいかに正しいかを論証するレポートの書き方もある。このタイプのレポートをここでは「論争型」と呼ぶ。「論争型」は，その内容がどうあれ，基本的なメッセージは「私の主張は正しい」ということにあり，別の主張・考えをもつ他者と闘うイメージがある。
> 　発見型と論争型は，どちらがよいか悪いかではなく，レポートを通じて何を達成したいかが異なる。協調的な場面では発見型が，競争的な場面では論争型が求められがちであり，どちらも学ぶ必要がある。自分の目的に即して，2つの型を意識して書き分けられると理想的だ。
> 　また，2つの型があることを理解しておくと，本を読んだり議論をする時に，書き手や話し手が，それを書いたり話したりすることで，一体，何を達成しようとしているのかがわかるようになる。その全体を貫くメッセージを，メタ・メッセージと呼ぶ。
> 　書き手は私に面白い発見を伝えようとしているのか，自分の説に従うよう説得しようとしているのか，自分の知識をひけらかし頭の良さを誇示しようとしているのか。あるいは，どうしても伝えたいことを伝えようとしているのか。同じ内容が書かれていても，メタ・メッセージがまったく違う場合もある。

3. 禁止事項と評価基準

3.1 禁止事項を知る[2]

▶ k. ：

① **丸写し**

　自分以外の人が書いた文章の一部あるいは全部を写して，自分が書いたレポートに含めて提出してはいけない。

② **自己剽窃**

　自分が書いたレポートであっても，複数の授業に同じレポートを提出してはいけない。また，自分の文であっても同一文を丸写しして複数回用いるのは，望ましくない。

---

[2] 戸田山和久, [2002] 2012『新版　論文の教室』NHKブックス：34-35を参照した．

③ **無断借用**

重要な論点やアイディアを，参考文献あるいは引用文献を明記せずに，自分が考えたかのように書いてはいけない。

> 【なぜ，学問の世界では剽窃が禁止されるのか】
> アカデミックな世界には，「人がそれなりの努力を傾注して調べたり考えたりして到達した真理・知識は，基本的には人類すべてのものとして共有されるべきである。しかし，その代わりに，それを生みだした人にはそれ相当の尊敬が払われなければならない」という基本的なルールがある。剽窃はこのルールに違反している。論文の剽窃が厳しく咎められるということは，学生もこのアカデミックな世界の一員と考えられている，ということだ。
> （戸田山和久，[2002] 2012『新版　論文の教室』NHKブックス: 35.）

▶ インターネットからのコピペをどう回避するか：

インターネットが普及して以来，ネット上の文章をコピペ（コピー＆ペースト）して作成されたレポートが，不正として問題になっている。剽窃行為が明らかになれば，厳しい処分の対象になる。しかし，どこまでが「コピペ」でどこからが自分の文といえるかの区別がわからない学生も多い。

その場合は，インターネットを使えない図書館などでレポートを書き始め，コピペの習慣をつけないようにするのがよい。書き方のコツは下のチェックリストを参照。

3.2　評価基準を調べる

どのようなレポートを書けばよい評価を得られるか，興味深いレポートはどのようなものか。レポートの評価基準はさまざまであり，先生（読み手）によっても異なる。そのため，基準自体を自分で調べ，考えることが必要になる。講義をよく聞けば先生が何を重視しているかわかる場合もあるし，レポート課題を出した先生に先生独自の評価基準を質問するのもよい方法だ。

このように評価基準は多様だが，共通する部分はある。以下に，レポートの評価基準，書き方のチェックリストがまとめられているので，レポート執筆時にはこれらを必ず参照するとよい。

> 「万事，大学というところは先生によって裁量がちがう」[3]ため
> レポートの評価基準を調べ，それを意識して書く必要がある。

---

[3] 野村一夫, 2014『ゼミ入門』文化書房博文堂: 79.

> **【書き方のチェックリスト】**
> 「A. 論文提出直前のチェックリスト」,「B. 論文完成までのフローチャート」,「C. ここだけのインサイダー情報:論文の評価基準」,「D.『禁句集』」,「E. おすすめの図書など」のうち,レポート執筆中にA〜Dを読むだけで,レポートの完成度はかなり上がる。
> (戸田山和久, 2012『巻末豪華五大付録』『新版 論文の教室』NHKブックス: 291-308.)
>
> 「書き方チェックリスト」をレポート執筆前に読み,執筆中に「やってはいけないことチェック」を読み,しあげたレポートを「できばえチェックリスト」に照らし合わせて推敲するだけで,レポートの完成度はかなり上がる。
> (山口裕之, 2013『コピペと言われないレポートの書き方教室』新曜社: 87-90.)

しかし,「よい点をとる」ことだけが目的ではない。
高校時代までの受験小論文と大学のレポートはどこが異なるか。

3.3 レポートで何を達成したいのか

大学でクリエイティヴ・ライティングという講義を行ってきた内田樹は,学生のレポートについて次のように述べている。

> **【いい点をとる vs. 自分が言いたいことに出会う】**
> [予備校や塾では]自分が「本当に言いたいこと」にどうやって出会うか,自分に固有の文体をどうやって発見するかを教えるわけではありません。…模範解答を予想して,それに合わせて答えを書けばいいというシニックな態度は,受験勉強を通じて幼い頃から皆さんのなかに刷り込まれている。ずっとそういう訓練を積んできたせいで,皆さんのほとんどは大学生になった段階では,文章を書く力を深く,致命的に損なわれています。残念ながら。…文章を書くモチベーションそのものが壊れている。どういうふうに書いたら,この先生はいい点数をくれるか,それだけ考えて書いている。採点基準がわからない先生が相手だと,経験的に身についた「だいたいこのようなことを書いていると,どんな教師でも,そこそこの点数をつけるはずの答案」を書いてくる。
> (内田樹, 2012『街場の文体論』ミシマ社: 12-14.)

レポートを書く目的は,単位を取得したい,各種試験の入試に合格したい,あるテーマを純粋に勉強したいなど,さまざまだ。しかし,内田の言うように,評価基準をクリアした「そこそこの点数」のレポートや答案が量産されていることもまた,大学の現実だろう。では,自分が本当に言いたいことに出会うレポートを書くにはどうすればよいか。

4. 自分のレポートの傾向を知る

4.1 レポートの傾向性とは何か

▶ **自分の強みと弱みを把握する：**

　大教室の講義では，提出したレポートを添削されたり，批評される経験も機会もほとんどない。そのため多くの大学生は，自分の書くレポートの傾向を把握できない。しかし他の学生のレポート群のなかに自分のレポートを位置づけると，自分のレポートの傾向性を知ることができる。そこでここでは，レポートの傾向性を，横軸を「優等生派とヴォイス派」，縦軸を「抽象派と具体派」とするマトリクスに示し，それぞれの特徴を明らかにする。

▶ **レポートの4つのタイプ：**

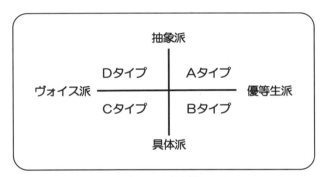

図13.1　レポートの傾向性のマトリクス

Dタイプ：ヴォイス派＋抽象派　　Aタイプ：優等生派＋抽象派
Cタイプ：ヴォイス派＋具体派　　Bタイプ：優等生派＋具体派

**自分はA～Dのどのタイプのレポートを書いてきたか。
これまでのレポートを振り返ってみよう。**

**レポートにはタイプ別の傾向があり，「強み」と「弱み」がある。
自分の「強み」を活かしつつ，「弱み」を改善すれば，
レポートを書く実力は確実にアップする。**

4.2 優等生派とヴォイス派

▶ **優等生派の長所と改善点：**

優等生派の長所	優等生派の改善点
構成がしっかりしている 正しい日本語が用いられている 文献やデータの使用が適切 全体的にまとまりがある	自分の目で現象を見，自分の頭で物事を考える 自分の意見，自分の考えを打ち出す 自分で考えていないことやよくある一般論を書くことを控える

【優等生派とは】
　構成も整い，文章に乱れがなく，内容のまとまりがよいレポートを，私は「優等生派」と呼んでいる。内容もごくまっとうなことが書かれている。しかし残念ながら，読んで思わず引き込まれる瞬間はやってこない。読ませる力，面白さ，力強さが不足しており，優等生派のレポートを数枚読むと，誰がどのレポートを書いたかの区別ができなくなる。
　真面目でよく勉強する学生の多くが，こうしたレポートを書く傾向がある。そして，何をどう改善したらよいかわからないまま，優等生派ゾーンに留まる。学生時代は優等生的レポートを書いてよい成績をとり，就職後は優等生的なプレゼンテーションや資料作成を続けることになりそうだ。
　こうしたレポートが大学で量産されるのは，学生の側の問題ではない。大学教育以前に大人が求めるレポートを書くように訓練されてきた結果だ。自由な意見や自分の意見を書くと，修正された，時には怒られたという学生はたくさんいる。自分の考えを表現することを禁じられて小・中・高校時代を過ごし，大学に入学した途端に個性や主体性の発揮を要求され，どうしていいかわからない，という悩みもたくさんの学生から聞いた。
　自由にのびのびとしたレポートが評価される講義では，優等生派の学生はこれまでとやり方を変え，ヴォイス派の長所を身につけるとよい。

**この程度のことを書いておけば，そこそこの点数はとれるだろう
という気持ちで，レポートを書くのはやめる。**

▶ **ヴォイス派の長所と課題：**

ヴォイス派の長所	ヴォイス派の改善点
自分自身の考えが展開されている その人独自の文体を持っている 読んでいて面白い	レポートの基本型をマスターする 文献やデータを適切に用いる 「私は/僕は」などの主語を乱用せず， 客観的な記述を心がける エッセイや感想文にならないようにする

> **【ヴォイス派とは】**
>
> 　飽きることなく読ませる力のあるレポートを私は「ヴォイス派」[4]と呼んでいる。ヴォイス派のレポートを読むと，いまを生きる人が課題に向き合い，自分の頭で考えて，自分の言葉で書いたという確かな手ごたえがある。内容も文体も結論もそれぞれ異なるため，他のレポートと明確に区別できる。
>
> 　しかし，のびのびと展開されすぎていて，基本型を無視する，文章が文法的に不正確など，構成や文章などの形式面が崩れていることが多い。
>
> 　私がヴォイス派のレポートの評価を考えなおしたきっかけは，数年前のことだった。その日は，非常勤先の講義の数百通のテスト答案を添削していた。
>
> 　社会問題をひとつ取り上げて論じる課題に対して，ある学生は，自分の恋愛上の困難を社会問題という設定にして，いま，彼女とどのような関係にあり，何が問題なのかを書いてきた。制限時間内に，答案用紙の裏面の最後の1行までぎっしり文字で埋められていた。課題とはズレた回答になっており，どう評価するか悩んだが，その答案の中には確かな現実があり，それが臨場感のある文体で記述されて一気に読み切ってしまった。数百通のなかで最も印象に残るこの答案に出会ってから，レポートの評価基準にこのタイプの長所を含めるにはどうすればよいかを考え続けているなかで，多くのヴォイス派の学生のレポートと出会うことになった。
>
> 　私の講義や演習のレポートでは，まずは，自分のヴォイスを打ち出すことを推奨している。ヴォイス派の学生は，優等生派の長所を身につけるとよい。

**自分の考えを自由に記述すると，低い評価をされることもある。
そのような場合は，優等生派の書き方でレポートを書く。**

4.3 抽象派と具体派

▶ 抽象派の長所と改善点：

抽象派の長所	抽象派の改善点
抽象度の高い水準で，論点を簡潔にまとめられる	結論のみを一気に提示するのではなく，個別の事例を取り上げながらていねいに結論を導くのがよい

---

[4] 「ヴォイス」という言葉は内田樹がブログで使っており，そこから借用した．内田樹，2008「Voiceについて」．(http://blog.tatsuru.com/2008/04/10_1114.php, 1016.2.14)

> **【抽象派とは】**
> 　一定量の文章が書けずに，毎回，他の学生よりもかなり短いレポートを提出する学生がいる。本人は真面目に取り組んでいるにもかかわらず，字数は増えない。
> 　彼らのレポートを注意深く読み続けると，レポートを書く力が不足しているのでなく，むしろ抽象的な思考力が高い学生が含まれることがわかってきた。個別の事象を記述せずに結論のみを提示するため，字数が短くなってしまうのだ。そこで，こうしたレポートを「抽象派」と名づけた。
> 　抽象的に物事を考えることは，知的能力のひとつである。いつもレポートが短いと自覚する抽象派の人は，レポートが苦手なのではなく，「抽象的思考力が高い」という優れた特性を持っているのかもしれない。現在の書き方を生かし，その上で事例を豊かに記述できる具体派の長所を身につけるとよい。

▶ 具体派の長所と改善点：

具体派の長所	具体派の改善点
個々の事象が豊かに記述されており，読ませる力がある	個々の事象を記述するだけではなく，論理的に文章を展開し，結論を導く 個々の事象や事例を一般化して把握する

> **【具体派とは】**
> 　個別の事例が，丹念にかつ興味深く記述されている。まとまりを欠くこともあるが，実際の事例には新しい情報が含まれていることが多く，斬新さや記述の豊かさに引き込まれる。しかし，事例から結論を導かなければ，単なる事例集になってしまう。こうしたレポートを「具体派」と名づけた。
> 　事例を詳細に記述するのが得意な具体派の人は，自分自身の観察力の高さや記述力を自覚しつつ，個々の現象をしっかりとまとめあげる抽象派の長所を身につけるとよい。

4.4　理想のレポートとは何か

▶ レポートがめざす方向：

　自分のレポートのタイプを把握した後は，まず，自分とは反対のタイプの長所を身につけるのがよい。そして，4つのどのタイプの人も，基本型に従い（優等生派），自分独自の視点から考察し（ヴォイス派），興味深い事例を盛り込みつつ（具体派），しっかりと結論をまとめる（抽象派）ことをめざして書き進めば，理想のレポートに近づくことができる。

> **【信じてもいないことは,書かない】**
> どんな代価を払ってでも回避しなくてはならないことがあった。それは,もしその言葉や感情が心から自然に出てきたものでなかったなら,もし作者がそれを適当にでっち上げているものだったなら,作者自身がとくに関心も持たず,また信じてもいないことを書いているとしたら,読者だってそんなものをまともに読む気になれない,ということである。
> (Carver, R., [1983] 1989=1992『ファイアズ(炎)』中央公論社:93.)

小説家のレイモンド・カーヴァー[5]は,ジョン・ガードナー[6]から小説の書き方を学んでいた頃を回想し,このように述べている。

私たちが書くのはレポートや論文で,小説ではないが,これは文章を書く際に共通する倫理ではないだろうか。信じていないことを書かなければならない場面もあるが,適当なでっちあげにならない工夫をする余地はあるはずだ。

本章のまとめ

レポートの基本型をマスターする。
評価基準を調べて,それをクリアするように書く。
優等生派／ヴォイス派,具体派／抽象派の4つのタイプから
自分のレポートの傾向を理解する。
自分以外のタイプの長所を取り入れ,理想のレポートに近づけていく。

Book Guide　ブックガイド

■『新版　論文の教室——レポートの書き方から卒論まで』
戸田山和久, NHKブックス, 2012
★レポート・論文の書き方が全体的に網羅されています。非常にユーモラスで楽しく読めます。

■『コピペと言われないレポートの書き方教室—— 3つのステップ』
山口裕之, 新曜社, 2013
★インターネットが発達した現代の社会環境で,インターネット上の情報を剽窃せず,どう引用するかが具体的に解説されています。レポート執筆のための現代の必須文献です。

---

5 R. Carver, 1938~1988, アメリカの小説家・詩人. 著書に『頼むから静かにしてくれ』『大聖堂』など.
6 J. Gardner, 1933~1982, アメリカの小説家.

📖『勝つための論文の書き方』
鹿島茂, 文春新書, 2003

★レベルの高い論文の書き方を非常にわかりやすく学べる上に，事例の面白さに大爆笑しながら読み進められる私の大好きな1冊です。

📖『ゼミ入門──大学生の知的生活第一歩』
野村一夫, 文化書房博文社, 2014

★ゼミ入門というタイトルですが，大学で学ぶこと全般について，やさしい言葉で（しかし，内容は時にハッとするほど鋭いです）書かれています。レポートの書き方も取り上げられています。

📖『創造的論文の書き方』
伊丹敬之, 有斐閣, 2001

★卒業論文や修士論文など研究論文を書く際にとても参考になります。やや上級者向けですが，私も学生時代，繰り返し読みました。

📖『街場の文体論』
内田樹, ミシマ社, 2012

★大学での講義をベースに，文章の書き方のテクニックの水準ではなく，他者に「届く言葉」はどのようなものかが，いろいろな角度から述べられています。「生きた言語」や「魂から出る言葉」を理解できれば，それは貴重な体験となるはずです。

📖『小説の誕生』
保坂和志, 中公文庫, [2006] 2011

★論文・レポートの書き方の本ではありませんが，ものを考えるとはどういう営みか，小説家の保坂和志さんが書かれています。いかに自分が，現代社会で支配的な思考パターンの内側でものを考えているかにハッと気づかされます。自分の思考の枠組み自体が広がる体験ができる，稀有な書。

📖「スガシカオの柔らかなカオス」『意味がなければスイングはない』
村上春樹, 文春文庫, [2005] 2008,

★小説家の村上春樹さんは音楽や音楽家について多く書かれていますが，このエッセイでは珍しく日本人アーティストが取り上げられ，メロディーラインと歌詞について語られています。ここでは本章でいうところのヴォイス──それは，固有性でありシグネチャーであり，制度的言語から離れたところで成立する──について述べられています。

Column ナカムラ・コラム 13

「こういうレポートってあるよね」を超えて
〜大学でレポートを書く意義〜

　私が担当している２年生の演習では，次の①②③④の過程を，年間を通して繰り返します。
① 文献報告者を決め，みんなで文献を読みます。ここでは新しい知識の習得と文献報告の方法を学びます。
② 制限時間内で，文献で学んだことに関連するレポートを執筆します。演習生は全員，私が出す同じ課題でレポートを執筆します。
③ 私が赤ペンで添削したレポートを各自に返却しますが，この時，私が選んだ5〜7通ほどのレポートも印刷して演習生全員に配布します。演習生の手元には添削済みの自分のレポートと，自分以外の学生の添削済みレポート数通のコピーが届きます。
④ その時選ばれた数人に自分のレポートを読みあげてもらい，みんなで内容や形式についてディスカッションをします。演習生同士で互いのレポートを読み合える場を設定することで，考え方・内容・文章・構成などの点で，自分にはない良き部分を互いに学び合ってもらおう，というわけです。

　まったく同じ課題に対する他の学生のレポート内容や考えを知ることは，発見や学びが多いと私は考えますが，少人数のクラスでしか実施できないので，こうした機会は大学ではそう多くはありません。

　演習を受け持った初年度は，試みにこの①〜④のサイクルを続けてみましたが，後期になると，演習生たちは見違えるほど力をつけていました。

　そんな後期のある日，あるレポートを演習生全員で読んだ時のことです。そのレポートは，序論・本論・結論の構成も整っており，課題のテーマも踏まえられ，量も十分で文章にも問題がありません。内容もまとまっています。けれども，書いた学生本人に聞くと満足していない様子で，私も同意しました。要は，読後に「こういうレポートってあるよね」という既視感しか残らないのです。限られたレポート用紙のなかでよくまとまっているので私も考え込んでしまい，演習生たちに，この納得のいかない感覚はどこからくるのかと問いかけました。

　すると少しの沈黙の後に，ある学生が「自分自身で思ってもいないことを書いているからではないですか？」と発言し，このコメントに私はハッとし，これまでテストやレポート添削の際に感じ続けてきたモヤモヤが晴れました。レポートを書いた本人もそうだと認めました。

　つまりこのレポートは，どこかの誰かが言いそうなことがうまく書いてあるだけで，書き手自身の言葉や考えが欠落していたのです。その後，学生たちとの対話のなかで，自分で思ってもいないことを書くよう推奨される教育を，多くの学生が受けてきていたこともわかってきました。自分の頭で考えない教育を受け，大学に入った途端に自分の頭で考えよと言われては，学生は困ります。しかも就職後は，考えてはいけない場面と，考えなければいけない場面の両方が混じり合って出てきそうです。

　こうした経験から，私は「優等生派」と「ヴォイス派」という言葉をつくりました。そして，①形式的に不備のない優等生的なレポートをめざしつつも，②自分自身のヴォイスを打ち出し，いかに読

んで面白いレポートにするかという，相反する2つの課題をひとつのレポートのなかでどう実現するかを，演習生たちと模索するようになりました。それは私にとっても意義を感じられる作業です。

その後，私はまた新しい気づきを得ました。レポートの内容や文体が変わると，時にキャラクターまで見違えてくる学生がいることです。優等生派でおとなしかった学生が，ヴォイスのあるレポートを書くようになると，周囲の目を気にせずにふるまうようになり生き生きしてきます。勢いあるヴォイスで押し切っていた学生が形式面を整えていくと，遅刻が減るなど勉強する体勢が整います。

大学では，レポート提出は当たり前の文化です。しかしそれに意味を感じられない場合，どのようにやりがいを見出せばよいのでしょうか。遠回りしましたが，私は学びたいことや進路を自分なりに決めてから，同級生より少し遅れて大学に入学したので，大学時代は誰に何を言われなくても一人で勝手に勉強していました。しかし，高校時代の私は学校の勉強に意義を見出せず，本ばかり読んでいました。だから，私の講義で，教室の後ろで寝ている学生は高校時代の私，教室の最前列でペンを走らせている学生は大学時代の私に重なります。

大学ではなぜレポートを書くのか。何のために書くのか。これは私にとって長らく答えの出ない問いでした。たしかに，文章力や論理的思考力，調べる力，考える力はつきます。しかしそうした知識や技術面でのメリットだけでは，私は受講生にレポートを課す気になれませんでした。もっと積極的な意義が必要でした。

しかし私は演習のクラスを受け持って，演習生の変化を見ることができたお蔭で，答えの一端を見出すことができました。一定期間，継続的に添削してもらうなど適切な環境でレポートを書き続ければ，そのなかで知識と技術をしっかり身につけ，さらに目に見えないさまざまな人間性まで変化させる力をつけられるようです。適切な環境がなくとも，毎回の課題に真剣に向き合えば同じ効果が得られるはずです。

レポートを書く意義とは何か。この問いに対する答えはひとつではありません。答えを自分で見出すのも，文章なんて書かなくても十分豊かな人生を送れるじゃないか，という答えも，その人の答えとして尊重されるのが，大学での学びであり，大学の懐の広さだと思います。

まとめ
社会学を学び，人はどうすれば幸せになれるかを考える

　本書を貫くテーマは「社会学的に物事を考える」ことです。以下，本書をざっと振り返りたいと思います。

　社会学的に考えるとは，これまで私たちがかけてきた無数の眼鏡——偏見・思い込み・特定の価値観など——をひとつひとつ外し，同時に，複数の視点から社会現象をとらえなおす作業のようです。

　本書ではさまざまなトピックの社会現象を学びましたが，私たちは，いろいろな思い込みにもとづいて自己と他者を判断し，そのために自ら傷つき苦しんだり，他者を傷つけたりしてきたことがわかってきました。そこで，私たちの身近な生きづらさとそこからの解放を一貫して取り上げてきました。

　本書のひとつの大きなテーマは，「経済的な生きづらさ」でした。それは労働や家族の領域における近年の変化と密接に関係しています。これらは個々人の人生に偶発的に起こるのではなく，またそれぞれの現象がバラバラに生じているのでもなく，資本主義社会のなかで資本の運動とその目的によって必然的に生じている一連の現象であることがわかりました。

　もうひとつの大きなテーマは，「心理的な生きづらさ」でした。ここからは，「自分と他人を比較し，人に評価を求める生き方は苦しい」ということがわかりました。さらに，頭でそう理解しても，なかなかそこから抜け出せないことも私たちの現実でした。

　しかしその先に展開がありました。先人たちは，「比較され評価される世界」から抜け出せないもがきを肯定しつつ，取り乱す自分を冷静に見つめ，苦しみの瞬間も解放の瞬間も，どちらも享受してきたのではないでしょうか。

　世の中は残念ながら，温かくのんびりした場所とはいえません。利害は錯綜し，競争は絶え間なく続き，上や下へと勝手に順位がつけられたりします。個々人の好みにかかわりなく，そうした枠組みを社会の側が押しつけてきます。

　それでも，社会学を通じて社会のしくみと私たちの生きづらさを理解することで，この社会とどう関われば自己も他者も生きやすいかがわかれば，世間一般の基準とは別に，自分のモノサシで大切な人や活動を見つけ出し，自分と周囲を幸せにすることができるはずです。社会学を学ぶことは，この社会のなかに，自己と他者にとって心地よい場所を確保するためのスタート地点になるのではないでしょうか。

　ある日，2年生の演習クラスが終わった後に，「社会学科で何を勉強しているのとよく聞かれるけれど，どう答えてよいかわからない」という疑問が出されました。いろいろと意見を出し合いましたが，その時にある演習生が次のように答えてくれました[1]。

---

[1] 日本大学文理学部社会学科の駒田真大さん（2016年度卒業生）によるものです．

今,社会学を学ぶ学生は社会学をどのような学問として理解しているのでしょうか。そのひとつを紹介し,本書を締めくくりたいと思います。

**社会学とは,この社会のなかで,
人と人がどう関わっていけたら幸せになれるかを考える学問です。**

おわりに

　初日の講義に行くと，教室に入りきらない学生たちが廊下に溢れかえっている。ここ数年，毎年そうした経験をしていますが，学生の社会学への関心の高さを嬉しく思います。

　ある年ある大学で，履修希望者が1000人を超えた時には，私の講義は単位取得が楽なのかもしれないと不安に思いました。しかし，初めて講義を受け持つ大学でも受講が抽選になることがしばしばなので，シラバスのトピックに関心のある学生が多いのでしょう。実際，人数が多くても，テストや成績評価は労を惜しまず，講義を聞いて勉強をしないと単位がとれないクラス運営をしてきたつもりです。

　身近なテーマを扱う私の講義シラバスからは，単位取得が楽という印象を受けるかもしれません。しかし私は受講生のレスポンス・カードを毎週数百通，ここ数年は1000通以上読み続け，「単位が欲しいから講義に来るのだろう」といった斜に構えた見方は，受講生の切実な知的ニーズに対する敬意を欠くと思うようになりました。社会学に何を求めるのか。それはみな異なるとは思いますが，私はレスポンス・カードの文章から，社会学の知が若い世代に強く求められ，役に立つと受けとめられている手ごたえを感じ続けています。受講生はみな，それぞれの困難や思いを抱えながら，時には切迫感を持って講義に臨んでいます。

　講義で用いる数百人分のプリントは重くて手で持ち運べないので，台車を使うクラスもあります。プリントが風で飛ばされることもよくあり，教室にたどり着くだけでも大変です。

　また，2010年度に客員研究員として過ごした香港大学では，ほとんどの講義がパワーポイントで行われていました。

　そんなこともあって，2011年度に半期だけ，パワーポイントと，紙のドリル形式の両方で講義をして，複数の大学でアンケートをとったところ，予想に反して，9割近くの受講生が，パワーポイントよりもドリル形式の紙のプリントと板書で行う講義がよいと答えてきました。理由はさまざまでしたが，パワーポイントの講義が主流になりつつあるなかで，私の講義の受講生はドリル形式の紙のプリントを選びました。それで結局その後も，私は毎週数千枚のプリントを黙々と印刷し，受講生も，テストに備えて講義プリントを紛失しないようファイルに綴じるなど大変そうでした。

　そんな話をある日，新曜社の小田亜佐子さんにお話したところ，プリント群を1冊にまとめた本の出版を提案されました。テキストを一冊書くにはまだ未熟だと思う反面，受講生と年齢が比較的近い時期にしか書けないこともあるだろうと考え，発展途上の講義ノートを思い切って出版することにしました。

　本書の基本となる講義ノートはすべて私が30代の時に作成したものです。元のノートは口頭でかなりの部分を補っていたため，それを文章化するのに数年かかってしまいまし

た．章によって内容に濃淡があるのが悩ましいのですが，講義という動的で変化するコミュニケーションの補助たるテキストに完成はありえないので，修正の機会にできるところから誤りを正し，さらなるわかりやすさを心がけ，時代の変化に合わせて更新していきたいと思います．記述の根拠や正否を確認いただけるように，出典はできる限り明確にしてあります．誤りや改善すべき点があれば，どうぞご教示下さい．

（本書には，JSPS科研費若手研究（B）25780329の研究成果の一部が含まれています．）

＊

第2章の資本主義社会は，専門外の経済学の領域であるため，ある研究会を紹介してもらい数年にわたって月1回通い，勉強しながら執筆しました．研究会のみなさま，ありがとうございます．

本書の装丁は，私のはじめての単著（『摂食障害の語り』），研究仲間との共著（『ダルクの日々』），私のウェブサイトをはじめ，デザインワークのすべてをお任せしている大橋一毅（DK）さんです．大橋さんの装丁を楽しみに，本を書き上げるモチベーションが高まりました．今回はページのレイアウトまでデザインいただくことができました．

イラストは，ウェブサイトの作成もお願いしたKANTAN inc.さんにお願いしました．

新曜社の小田亜佐子さんには，最初の単著に引き続き，2作目の単著である本書の編集もご担当いただきました．

そしてこの社会学ドリルは，私のクラスを受講して下さった受講生とのコミュニケーションにもとづき書き上げたものです．本書には，たくさんの受講生の意見や経験が反映されています．東京歯科大学，東洋大学，お茶の水女子大学，浦和大学短期大学部，成城大学，東京大学，洗足学園音楽大学，そして，現在の本務校である日本大学での受講生のみなさん，ありがとうございました．

受講生からのレスポンス・カードのコメントやテストの解答用紙の隅に書かれたメッセージには発見，反省，学びがたくさんあります．笑いはいつもあり，時にはっとするような感動があります．

＊

学生時代の私は「私はここにいてもいいんだ」という感覚，人とつながっている感覚を持てずに，孤独に本を読み音楽を聴いて多くの時間を過ごしました．それは豊かな時間でしたが，日々のいろいろな思いは，ほとんどの場合，誰とも共有できずに消えていきました．

そんな私がこうして，受講生も教員も半ば強制の講義空間ではありますが，社会学を通じてたくさんの方とさまざまなことを共有できるとは，人生には何が起こるかわからないものです．

「私はここにいてもいいんだ」という感覚をいつも与えてくれるのが，受講生のみなさん，

おわりに

演習やゼミナールのにぎやかなメンバーです。人と共に過ごすことって，時にはたいした意味もなくただなんとなく誰かといることって，悪くないです。他者とのささやかな，ふとしたやりとりは私たちを明るい気持ちにしてくれます。

　私の講義と社会学ドリルが，みなさんにとってどこかの誰かとつながる中継点のひとつになればと思います。そして，いつでも戻ってくることができるベース――拠点のひとつになれればと思います。

2017年3月　桜上水にて

中村　英代

引用文献

★各章末のブックガイドで紹介した書は除いた

はじめに
馬場靖雄, 1997『社会学のおしえ』ナカニシヤ出版.

第1章　社会学を学ぶ意義
富永健一, 1996『近代化の理論——近代化における西洋と東洋』講談社学術文庫.
奥村隆, 1997「文化装置論になにができるか——人に努力させる仕組み」奥村隆編『社会学になにができるか』八千代出版: 297-339.
Beck, U., A. Giddens & S. Lash, 1994, *Reflexive Modernization: Politics, Tradition and Aesthetics in the Modern Social Order,* Polity Press. (＝1997, 松尾精文・小幡正敏・叶堂隆三訳『再帰的近代化——近現代における政治, 伝統, 美的原理』而立書房.)
渋谷望, 2003『魂の労働——ネオリベラリズムの権力論』青土社.

第2章　格差と貧困
山田昌弘, [2004] 2007『希望格差社会——「負け組」の絶望感が日本を引き裂く』ちくま文庫.
鹿又伸夫, 2001『機会と結果の不平等——世代間移動と所得・資産格差』ミネルヴァ書房.
内閣府男女共同参画局編, 2015『男女共同参画白書　平成27年版』.
浅尾裕, 2012「非正規雇用の現段階と本書のねらい」労働政策研究・研修機構編『非正規就業の実態とその政策課題——非正規雇用とキャリア形成, 均衡・均等処遇を中心に』労働政策研究・研修機構: 5-27.
独立行政法人労働政策研究・研修機構　資料図8-4. (http://www.jil.go.jp/kokunai/statistics/timeseries/pdf/g0208.pdf)
宇野弘蔵, [1964] 2016『経済原論』岩波文庫.
楫西光速・加藤俊彦・大島清・大内力, 1956『日本資本主義の成立Ⅱ——双書　日本における資本主義の発達2』東京大学出版会.
Marx, K., 1963, *Das Kapital, Zweiter Band,* Dietz Verlag. (＝1972, 岡崎次郎訳『資本論(4)第二巻第一分冊(国民文庫版)』大月書店.)
鎌倉孝夫, 2015『帝国主義支配を平和だという倒錯——新自由主義の破綻と国家の危機』社会評論社.
Bateson, G., 1972, *Steps to an Ecology of Mind: Collected Essay in Anthropology, Psychiatry, Evolution, and Epistemology,* Chandler Publishing Company. (＝2000, 佐藤良明訳『精神の生態学　改訂第2版』新思索社.)
岩田正美, 2007『現代の貧困——ワーキングプア／ホームレス／生活保護』ちくま新書.
湯浅誠, 2008『反貧困——「すべり台社会」からの脱出』岩波新書.
山田昌弘, 2015「女性労働の家族依存モデルの限界」小杉礼子・宮本みち子編『下層化する女性たち——労働と家庭からの排除と貧困』勁草書房: 23-44.
山田昌弘, [2006] 2009『新平等社会——「希望格差」を超えて』文春文庫.
宮本太郎, 2013『社会的包摂の政治学——自立と承認をめぐる政治対抗』ミネルヴァ書房.

宮本太郎, 2006「ポスト福祉国家のガバナンス――新しい政治対抗」『思想』983: 27-47.
萱野稔人, 2012「ベーシックインカムがもたらす社会的排除と強迫観念」萱野稔人編『ベーシックインカムは究極の社会保障か』堀之内出版: 125-148.
Coupland, D., 1991, *Generation X: Tales for an Accelerated Culture*, St. Martin's Press.（=1992, 黒丸尚訳『ジェネレーションX――加速された文化のための物語たち』角川書店.）

第3章　恋愛と結婚

山田昌弘, 1994『近代家族のゆくえ――家族と愛情のパラドックス』新曜社.
厚生労働省, 2015『平成27年度版　厚生労働白書――人口減少社会を考える』(http://www.mhlw.go.jp/wp/hakusyo/kousei/15/dl/all.pdf)
小谷野敦, 2000『恋愛の超克』角川書店.
Notter, D., 2007『純潔の近代――近代家族と親密性の比較社会学』慶應義塾大学出版会.
小山静子, [1995] 2002「家族の近代――明治初期における家族の変容」坂田聡編『日本家族史論集4　家族と社会』吉川弘文館.
広井多鶴子, 2002「〈家族〉概念の成立――明治前期の家族と親族」(http://hiroitz.sakura.ne.jp/resources/%E8%AB%96%E6%96%87/concept-of-family2.pdf)
小山静子, 1999『家庭の生成と女性の国民化』勁草書房.
落合恵美子, [1994] 2004『21世紀家族へ［第3版］――家族の戦後体制の見かた・超えかた』有斐閣選書.
西川祐子, 2000『近代国家と家族モデル』吉川弘文館.
厚生労働省, 2016『平成28年度版　厚生労働白書』(http://www.mhlw.go.jp/wp/hakusyo/kousei/16/dl/pdf)
筒井淳也, 2015『仕事と家族――日本はなぜ働きづらく, 産みにくいのか』中公新書.
厚生労働省, 2013『平成25年度版　厚生労働白書』(http://www.mhlw.go.jp/wp/hakusyo/kousei/13/dl/pdf)
厚生労働省大臣官房統計情報部, 2014『グラフでみる世帯の状況』(http://www.mhlw.go.jp/toukei/list/dl/20-21-h25.pdf)

第4章　ジェンダー

日本社会学会社会学事典刊行委員会編, 2010『社会学事典』丸善出版.
好井裕明, 2010「セクシュアリティの多様性と差別・排除」好井裕明編『差別と排除の〔いま〕6　セクシュアリティの多様性と排除』明石書店: 7-20.
加藤秀一, 1998『性現象論――差異とセクシュアリティの社会学』勁草書房.
Farrell, W., [1993] 1994, *The Myth of Male Power,* Berkley Trade.（=2014, 久米泰介訳『男性権力の神話――《男性差別》の可視化と撤廃のための学問』作品社.）
好井裕明, 2015『差別の現在――ヘイトスピーチのある日常から考える』平凡社新書.
山口一男, 2008『ダイバーシティ――生きる力を学ぶ物語』東洋経済新報社.
金子みすゞ, 1984『さみしい王女――新装版　金子みすゞ全集・Ⅲ』JULA出版局.
松井久子編, 2014「第5章　井上輝子――女性学を育てて」『何を恐れる――フェミニズムを生きた女たち』岩波書店: 66-82.
Hooks, B., 2000, *Feminism is for Everybody: Passionate Politics,* South End

Press. (=2003, 堀田碧訳『フェミニズムはみんなのもの――情熱の政治学』新水社.)
松井久子編, 2014「第1章　田中美津――「とり乱し」の思想」『何を恐れる――フェミニズムを生きた女たち』岩波書店: 3-17.
田中美津, [1972] 2010『新装改訂版　いのちの女たちへ――とり乱しウーマン・リブ論』パンドラ・現代書館.
田中美津インタビュー (Kotoh & Co. http://www.mammo.tv/interview/archives/no232.html, 2016.2.14)
多賀太, 2006『男らしさの社会学――揺らぐ男のライフコース』世界思想社.
森岡正博, [2005] 2013『決定版　感じない男』ちくま文庫.
フリーターズフリー編, 2010『フェミニズムは誰のもの?――フリーターズフリー対談集』人文書院.
森岡正博, 2003『無痛文明論』トランスビュー.
宇野弘蔵, [1964] 2016『経済原論』岩波文庫.
上野加代子, 2007「シンガポールにおける外国人家事労働者」落合恵美子・山根真理・宮坂靖子編『アジアの家族とジェンダー』勁草書房: 263-284.

第5章　関係性と暴力

レジリエンス, 2005『傷ついたあなたへ――わたしがわたしを大切にするということ　DVトラウマからの回復のワークブック』梨の木舎.
森田ゆり, [2001] 2007『ドメスティック・バイオレンス――愛が暴力に変わるとき』小学館文庫 (2001年初版と文庫版では内容が異なる).
Pence, E. & M. Paymar, 1993, *Education Groups for Men Who Batter: The Duluth Model*, Springer. (=2004, 波田あい子監訳『暴力男性の教育プログラム――ドゥルース・モデル』誠信書房.)
安冨歩・本條晴一郎, 2007『ハラスメントは連鎖する――「しつけ」「教育」という呪縛』光文社新書.
沼崎一郎, 2002『なぜ男は暴力を選ぶのか――ドメスティック・バイオレンス理解の初歩』かもがわブックレット143.
草柳和之, 2004『ドメスティック・バイオレンス　新版――男性加害者の暴力克服の試み』岩波ブックレットNo.629.
Gilligan, J., 2001, *Preventing Violence*, Thames & Hudson. (=2011, 佐藤和夫訳『男が暴力をふるうのはなぜか――そのメカニズムと予防』大月書店.)
White, M., 2011, *Narrative Practice: Continuing the Conversation*, W.W.Norton & Company. (=2012 小森康永・奥野光訳『ナラティヴ・プラクティス――会話を続けよう』金剛出版.)
White, M., 2007, *Maps of Narrative Practice*, W.W.Norton & Company. (=2009, 小森康永・奥野光訳『ナラティヴ実践地図』金剛出版.)

第6章　摂食障害とからだ

中村英代, 2011『摂食障害の語り――〈回復〉の臨床社会学』新曜社.
中井義勝・佐藤益子・田村和子ほか, 2004「中学生, 高校生, 大学生を対象とした身体像と食行動および摂食障害の実態調査」『精神医学』46(12): 1269-1273.
中井義勝, 2004「中学生, 高校生を対象とした身体像と食行動および摂食障害の実体調査　過

去20年間の比較」『厚生労働科学研究費補助金(難治性疾患克服研究事業)分担研究報告書』: 35-40.
中井義勝・濱垣誠司・石坂好樹ほか, 2001「摂食障害の転帰調査」『臨床精神医学』30 (10): 1247-1256.
中井義勝・成尾鉄朗・鈴木健二ほか, 2004「摂食障害の転帰調査」『精神医学』46(5): 481-486.
Janet, P., 1903, *Les Obsessions et la Psychasthénie,* Alcan.
下坂幸三, [1988] 2007『アノレクシア・ネルヴォーザ論考』金剛出版.
松下正明編, 2000『臨床精神医学講座4 摂食障害・性障害』中山書店.
小倉千加子, 2001『セクシュアリティの心理学』有斐閣選書.
Orbach, S., 1986, *Hunger Strike: The Anorectic's Struggle as a Metaphor for Our Age,* W.W.Norton & Company. (=1992, 鈴木二郎ほか訳『拒食症――女たちの誇り高い抗議と苦悩』新曜社.)
Garner, D. M. & P. E. Garfinkel eds., 1997, *Handbook of Treatment for Eating Disorders 2/E,* Guilford Press. (=2004, 小牧元監訳『摂食障害治療ハンドブック』金剛出版.)
Keys, A. et al., 1950, *The Biology of Human Starvation*(*2vols.*), University of Minnesota Press.
浅野千恵, 1996『女はなぜやせようとするのか――摂食障害とジェンダー』勁草書房.
Hesse-Biber, S., 1997, *Am I Thin Enough Yet ?: The Cult of Thinness and the Commercialization of Identity,* Oxford University Press. (=2005, 宇田川拓雄訳『誰が摂食障害をつくるのか――女性の身体イメージとからだビジネス』新曜社.)
White, M., 1999「セラピーの政治学」小森康永・野口裕二・野村直樹編『ナラティヴ・セラピーの世界』日本評論社: 112-134.
Gergen, K. J., 1994, *Realities and Relationships: Soundings in Social Construction,* Harvard University Press. (=2004, 永田素彦・深尾誠訳『社会構成主義の理論と実践――関係性が現実をつくる』ナカニシヤ出版.)
石川准, 1999『人はなぜ認められたいのか――アイデンティティ依存の社会学』旬報社.
奥村隆, 1998『他者といる技法――コミュニケーションの社会学』日本評論社.

第7章 依存症の世界

Melody, B., 2009, *The New Codependency: Help and Guidance for Today's Generation,* Simon & Schuster. (=2011, 村山久美子訳『共依存症――心のレッスン』講談社.)
Khantzian, E. J. & M. J. Albanese, 2008, *Understanding Addiction as Self Medication: Finding Hope Behind the Pain,* Rowman & Littlefield Publishers. (=2013, 松本俊彦訳『人はなぜ依存症になるのか――自己治療としてのアディクション』星和書店.)
Beck, J. S., 2011, *Cognitive Behavior Therapy: Basics and Beyond Second Edition,* The Guilford Press. (=2015, 伊藤絵美・神村栄一・藤澤大介訳『認知行動療法実践ガイド:基礎から応用まで 第2版――ジュディス・ベックの認知行動療法テキスト』星和書店.)
和田清編, 2013『依存と嗜癖――どう理解し,どう対処するか』医学書院.

引用文献

古藤吾郎・嶋根卓也・吉田智子・三砂ちづる, 2006「ハームリダクションと注射薬物使用──HIV/AIDSの時代に」『国際保健医療』21(3): 185-195.
野口裕二, 2002『物語としてのケア──ナラティヴ・アプローチの世界へ』医学書院.
ダルク研究会編, 2014『ダルクの日々──薬物依存者たちの生活と人生(ライフ)』知玄舎.
Alcoholics Anonymous World Services, [1939] 2001, *Alcoholics Anonymous*, Alcoholics Anonymous World Services. (=2005, AA出版局訳編『アルコホーリクス・アノニマス(文庫版)　文庫版改訂版』AA日本ゼネラルサービス.)
中村英代, 2016「『ひとつの変数の最大化』を抑制する共同体としてのダルク──薬物依存からの回復支援施設の社会学的考察」『社会学評論』66(4): 498-515.
中村英代, 2018「私利私欲を手放し, 匿名の自己を生きる──12ステップ・グループにおける依存症からの回復」小林多寿子・浅野智彦編『自己語りの社会学──ライフストーリー・問題経験・当事者研究』新曜社.
Alcoholics Anonymous World Services, [1939] 2001, *Alcoholics Anonymous*, Alcoholics Anonymous World Services. (= [1979] 2002, AA日本出版局訳編『アルコホーリクス・アノニマス──無名のアルコホーリクたち』AA日本ゼネラルサービス.)
Bateson, G., 1972, *Steps to an Ecology of Mind: Collected Essay in Anthropology, Psychiatry, Evolution, and Epistemology*, Chandler Publishing Company. (=2000, 佐藤良明訳『精神の生態学　改訂第2版』新思索社.)
Narcotics Anonymous World Services, 2008『今日だけ』Narcotics Anonymous World Services.
Berman, M., 1981, *The Reenchantment of the World*, Cornell University Press. (=1989, 柴田元幸訳『デカルトからベイトソンへ──世界の再魔術化』国文社.)
Willson, C., 1972, *New Pathways in Psychology: Maslow & the Post-Freudian Revolution*, Gollancz.(=1979, 由良君美・四方田剛己訳『至高体験──自己実現のための心理学』河出書房新社.)

第8章　権力

Weber, M., 1922, *Wirtschaft und Gesellschaft: Soziologische Grundbegriffe*, J. C. B. Mohr. (=1972, 清水幾太郎抄訳『社会学の根本概念』岩波文庫.)
Weber, M., [1924] 1947, *Wirtschaft und Gesellschaft: Grundriss der Sozialökonomik*, III Abteilung, 3. Aufl, J. C. B. Mohr. (= [1988] 2012, 濱嶋朗訳『権力と支配』講談社学術文庫.)
Foucault, M., 1975, *Surveiller et Punir: Naissance de la Prison*, Gallimard.（=1977, 田村俶訳『監獄の誕生──監視と処罰』新潮社.)
重田園江, 2011『ミッシェル・フーコー──近代を裏から読む』ちくま新書.
Martin, L. H., H. Gutman & P. H. Hutton, 1988, *Technologies of the Self: A Seminar with Michel Foucault*, University of Massachusetts Press. (=2004, 田村俶・雲和子訳『自己のテクノロジー──フーコー・セミナーの記録』岩波現代文庫.)
Foucault, M., 1981,"Sexuality and Solitude," *London Review of Books*, 3 (9), 3, 5-6. (=2001, 慎改康之訳「性現象と孤独」『ミシェル・フーコー思考集成VIII』筑摩書房.)
White, M., 2004, *Narrative Practice and Exotic Lives: Resurrecting Diversity in Everyday Life*, Dulwich Centre Publications.（=2007, 小森康永監訳『ナラティヴ・プ

ラクティスとエキゾチックな人生──日常生活における多様性の掘り起こし』金剛出版.)
東浩紀・大澤真幸, 2003『自由を考える──9・11以降の現代思想』NHKブックス.
Goffman, E., 1963, *Stigma: Note on the Management of Spoiled Identity*, Prentice-Hall.（=石黒毅訳, 2012『スティグマの社会学　改訂版──烙印を押されたアイデンティティ』せりか書房.)

第9章　儀礼と自己

Gennep, A. V., 1909, *Les Rites de Passage: Étude Sistématique des Cérémonies*, Librairie Critique.（=2012, 綾部恒雄・綾部裕子訳『通過儀礼』岩波文庫.)
浜本満, 2001『秩序の方法』弘文堂.
Durkheim, É., 1912, *Les Formes Élémentaires de la vie Religieuse: Le Système Totémique en Australie*, Presses Universitaires de France.（=2014, 山崎亮訳『宗教生活の基本形態──オーストラリアにおけるトーテム体系（上・下）』ちくま学芸文庫.)
梶尾直樹, 1991「儀礼類型論と供犠の優越性──デュルケム宗教社会学の理論的可能性（1）」『東京大学宗教学年報』Ⅷ: 21-35.（http://repository.dl.itc.u-tokyo.ac.jp/dspace/bitstream/2261/26159/1/rel00802.pdf, 2016.2.14）
Durkheim, É., [1897] 1960, *Le Suicide : Étude de Sociologie*, Presses Universitaires de France.（=1985, 宮島喬訳『自殺論』中公文庫.)
Goffman, E., 1963, *Behavior in Public Places: Netes on the Social Organization of Gatherings*, The Free Press.（=1980, 丸木恵祐・本名信行訳『集まりの構造──新しい日常行動論を求めて』誠信書房.)
Goffman, E., 1967, *Interaction Ritual: Essays on Face-to-Face Behaviour*, Doubleday.（=2002, 浅野敏夫訳『儀礼としての相互行為〈新訳版〉──対面行動の社会学』法政大学出版局.)
Goffman, E., 1959, *The Presentation of Self in Everyday Life*, Doubleday.（=1974, 石黒毅訳『行為と演技──日常生活における自己呈示』誠信書房.)
石川准, 1999『人はなぜ認められたいのか──アイデンティティ依存の社会学』旬報社.

第10章　自殺

厚生労働省編, 2016『平成28年度版　自殺対策白書』（http://www.mhlw.go.jp/wp/hakusyo/jisatsu/16/index.html）
Durkheim, É., [1897] 1960, *Le Suicide: Étude de Sociologie*, Presses Universitaires de France.（=1985, 宮島喬訳『自殺論』中公文庫.)
Joiner, T. E., et al., 2009, *The Interpersonal Theory of Suicide: Guidance for Working with Suicidal Clients*, American Psychological Association.（=2011, 北村俊則監訳『自殺の対人関係理論──予防・治療の実践マニュアル』日本評論社.)
見田宗介・栗原彬・田中義久編, 1994『〔縮刷版〕社会学事典』弘文堂.
宮島喬, 1979『デュルケム自殺論』有斐閣新書.
岡檀, 2013『生き心地の良い町──この自殺率の低さには理由がある』講談社.
保坂和志, 2006『途方に暮れて, 人生論』草思社.

第11章　医療

美馬達哉, 2010「近代医療」中川輝彦・黒田浩一郎編『よくわかる医療社会学』ミネルヴァ書房: 148-151.

Nettleton, S., 1995, *The Sociology of Health and Illness 2nd Edition*, Polity Press.

波平恵美子, 1984『病気と治療の文化人類学』海鳴社.

日本補完代替医療学会HP. (http://www.jcam-net.jp/info/what.html)

池田光穂, 1995「非西洋医療」黒田浩一郎編『現代医療の社会学――日本の現状と課題』世界思想社: 202-224.

池田光穂ウェブサイト (http://www.cscd.osaka-u.ac.jp/user/rosaldo/070523illness.html, 2016.2.14)

池田光穂, 2007「医療人類学の可能性――健康の未来とは何か?」池田光穂・奥野克巳編『医療人類学のレッスン――病いをめぐる文化を探る』学陽書房: 1-30.

黒田浩一郎, 2001「医療社会学の前提」黒田浩一郎編『医療社会学のフロンティア――現代医療と社会』世界思想社: 2-52.

Good, B. J., 1994, *Medicine, Rationality, and Experience: An Anthropological Perspective*, Cambridge University Press. (=2001, 江口重幸・五木田紳・下地明友・大月康義・三脇康生訳『医療・合理性・経験――バイロン・グッドの医療人類学講義』誠信書房.)

藤崎和彦, 1995「医師」黒田浩一郎編『現代医療の社会学――日本の現状と課題』世界思想社: 33-58.

Csikszentmihalyi, M., 1990, *Flow: The Psychology of Optimal Experience*, Harper & Row. (=1996, 今村浩明訳『フロー体験――喜びの現象学』世界思想社.)

Willson, C., 1972, *New Pathways in Psychology: Maslow & the Post-Freudian Revolution*, Gollancz. (=1979, 由良君美・四方田剛己訳『至高体験――自己実現のための心理学』河出書房新社.)

第12章　構築主義と心理療法

Berger, P. L. & T. Luckmann, 1966, *The Social Construction of Reality: A Treatise in the Sociology of Knowledge*, Doubleday. (=2003, 山口節郎訳『現実の社会的構成――知識社会学論考』新曜社.)

野口裕二・野村直樹, 1997「訳者あとがき」, McNamee, S. & K. J. Gergen, 1992, *Therapy as Social Construction*, Sage Publication. (=1997, 野口裕二・野村直樹訳『ナラティヴ・セラピー――社会構成主義の実践』金剛出版: 219-228.)

Emerson, R. M. & S. L. Messinger, 1977,"The Micro-Politics of Trouble,"*Social Problems*, 25(2): 121-134.

中河伸俊, 1998「レイベリングからトラブルの自然史へ――逸脱と社会問題の研究へのエスノメソドロジーの影響」山田富秋・好井裕明編『エスノメソドロジーの想像力』せりか書房: 105-120.

中河伸俊, 2004「社会病理のミクロ分析」松下武志・米川茂信・宝月誠編『社会病理学の基礎理論』学文社: 65-81.

Hacking, I., 1999, *The Social Construction of What ?*, Harvard University Press. (=2006, 出口康夫・久米暁訳『何が社会的に構成されるのか』岩波書店.)

野口裕二, 2001「臨床的現実と社会的現実」中河伸俊・北澤毅・土井隆義編『社会構築主義のスペクトラム——パースペクティブの現在と可能性』ナカニシヤ出版: 58-75.

野口裕二, 2002『物語としてのケア——ナラティヴ・アプローチの世界へ』医学書院.

McFarland, B., 1995, *Brief Therapy and Eating Disorders: A Practical Guide to Solution-Focused Work with Clients*, Jossey-Bass.（=1999, 児島達美監訳『摂食障害の「解決」に向かって——ソリューション・フォーカスト・ブリーフセラピーによる治療の実際』金剛出版.）

Berg, I. K. & N. H. Reuss, 1998, *Solutions Step by Step: A Substance Abuse Treatment Manual*, W.W.Norton & Company.（=2003, 磯貝希久子監訳『解決へのステップ——アルコール・薬物乱用へのソリューション・フォーカスト・セラピー』金剛出版.）

斎藤清二, 2006「医療におけるナラティヴの展開——その理論と実践の関係」江口重幸・斎藤清二・野口直樹編『ナラティヴと医療』金剛出版: 245-265.

Bruner, J., 1986, *Actual Minds, Possible Worlds*, Harvard University Press.（=1998, 田中一彦訳『可能世界の心理』みすず書房.）

中村英代, 2015「誰も責めないスタンスに立ちつつ, 問題の所在を探りあてる——摂食障害・薬物依存へのナラティヴ・アプローチ」野口裕二編『N：ナラティヴとケア　第6号　特集　ナラティヴの臨床社会学』遠見書房: 34-40.

Russell, S. & M. Carey, 2004, *Narrative, Therapy: Responding to Your Questions*, Dulwich Centre Publications.（=2006, 小森康永・奥野光訳『ナラティヴ・セラピーみんなのQ&A』金剛出版.）

Anderson, H., 1997, *Conversation, Language, and Possibilities: A Postmodern Approach to Therapy*, Basic Books.（=2001, 野村直樹・青木義子・吉川悟訳『会話・言語・そして可能性——コラボレイティヴとは？セラピーとは？』金剛出版.）

Gergen, K. & M. Gergen, 2004, *Social Construction: Entering the Dialogue*, Taos Institute Publications.（=2018, 伊藤守監訳, 二宮美樹ほか訳『現実はいつも対話から生まれる——社会構成主義入門』ディスカヴァー・トゥエンティワン.）

Campbell, J. & B. Moyers, 1988, *The Power of Myth*, Apostrophe S Productions.（=2010, 飛田茂雄訳『神話の力』ハヤカワノンフィクション文庫.）

第13章　レポートの書き方

戸田山和久, 2012『新版　論文の教室——レポートから卒論まで』NHKブックス.
山口裕之, 2013『コピペと言われないレポートの書き方教室——3つのステップ』新曜社.
野村一夫, 2014『ゼミ入門——大学生の知的生活第一歩』文化書房博文社.
内田樹, 2012『街場の文体論』ミシマ社.
内田樹, 2008「Voiceについて」.（http://blog.tatsuru.com/2008/04/10_1114.php）
Carver, R., [1983] 1989, *Fires: Essays, Poems, Stories*, Vintage Contemporaries.（=1992, 村上春樹訳『ファイアズ(炎)』中央公論社.）

主要人物年表

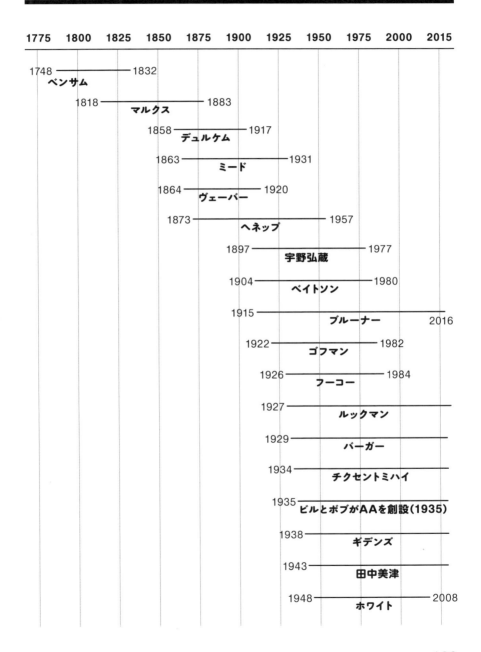

193

著者紹介

中村 英代（なかむら ひでよ）

1975年　東京生まれ　お茶の水女子大学文教育学部卒業
東京大学大学院人文社会系研究科　修士課程修了（社会学修士）
お茶の水女子大学大学院人間文化研究科　博士後期課程単位取得満期退学
博士（お茶の水女子大学：社会科学）
現在　日本大学文理学部社会学科　教授
専門　社会学（臨床社会学, 社会問題論, ジェンダー論）
資格　専門社会調査士・社会福祉士

著書・論文

『摂食障害の語り——〈回復〉の臨床社会学』新曜社 2011（第11回日本社会学会奨励賞・著書の部受賞）
『嫌な気持ちになったら、どうする？——ネガティブとの向き合い方』ちくまプリマー新書 2023
『依存症と回復、そして資本主義—暴走する社会で〈希望のステップ〉を踏み続ける』光文社新書 2022
南保輔・中村英代・相良翔編『当事者が支援する——薬物依存からの回復 ダルクの日々パート2』春風社 2018

中村英代オフィシャルウェブサイト　http://www.hideyonakamura.com

社会学ドリル
この理不尽な世界の片隅で

初版第 1 刷発行	2017年 4 月10日
初版第10刷発行	2024年 5 月10日

著　者　中村　英代
発行者　塩浦　暲
発行所　株式会社 新曜社

〒101-0051 東京都千代田区神田神保町3-9
電話 03(3264)4973(代)・FAX 03(3239)2958
E-mail:info@shin-yo-sha.co.jp
URL:https://www.shin-yo-sha.co.jp/

印　刷　メデューム
製　本　積信堂

©Hideyo Nakamura, 2017 Printed in Japan
ISBN978-4-7885-1516-1 C1036

―――― 新曜社の関連書 ――――

中村 英代 　　　　　　　　　　　　　　　四六判上製 320 頁
摂食障害の語り 〈回復〉の臨床社会学　　　　　　 3200 円

S. ヘス＝バイバー　宇田川拓雄　訳　　　　 四六判上製 360 頁
誰が摂食障害をつくるのか　　　　　　　　　　 2850 円
女性の身体イメージとからだビジネス

A. ミラー　山下 公子　訳　　　　　　　　　四六判上製 400 頁
魂の殺人 新装版　親は子どもに何をしたか　　　 2800 円

K. モンゴメリー　斎藤清二・岸本寛史　監訳　四六判上製 384 頁
ドクターズ・ストーリーズ　　　　　　　　　　 4200 円
医学の知の物語的構造

小林多寿子・浅野智彦　編　　　　　　　　　四六判並製 304 頁
自己語りの社会学　　　　　　　　　　　　　　 2600 円
ライフストーリー・問題経験・当事者研究

桜井 厚・石川 良子　編　　　　　　　　　　四六判上製 266 頁
ライフストーリー研究に何ができるか　　　　　 2200 円
対話的構築主義の批判的継承

前田 泰樹・西村 ユミ　　　　　　　　　　　Ａ5 判並製 196 頁
急性期病院のエスノグラフィー　　　　　　　　 2100 円
協働実践としての看護

坂本 佳鶴恵　　　　　　　　　　　　　　　Ａ5 判上製 392 頁
女性雑誌とファッションの歴史社会学　　　　　 3900 円
ビジュアル・ファッション誌の成立

井上 孝夫　　　　　　　　　　　　　　　　四六判並製 216 頁
社会学的思考力　　　　　　　　　　　　　　　 2200 円
大学の授業で学んでほしいこと

山口 裕之　　　　　　　　　　　　　　　　四六判並製 122 頁
コピペと言われないレポートの書き方教室　　　 1200 円
3 つのステップ

山崎 敬一　編集代表　　　　　　　　　　　Ａ5 判並製 492 頁
エスノメソドロジー・会話分析ハンドブック　　 4200 円